· 郎君一席谈 ·

互联网经济的未来之路

郎咸平 ——— 著

GUANGXI NORMAL UNIVERSITY PRESS

广西师范大学出版社

· 桂林 ·

互联网经济的未来之路
HULIANWANG JINGJI DE WEILAI ZHILU

图书在版编目（CIP）数据

互联网经济的未来之路 / 郎咸平著. —桂林：广
西师范大学出版社，2018.4
（郎君一席谈）
ISBN 978-7-5495-8603-5

Ⅰ. ①互… Ⅱ. ①郎… Ⅲ. ①网络经济—研究
Ⅳ. ①F49

中国版本图书馆 CIP 数据核字（2018）第 019169 号

广西师范大学出版社出版发行

（广西桂林市五里店路 9 号　邮政编码：541004
网址：http://www.bbtpress.com ）

出版人：张艺兵

全国新华书店经销

山东德州新华印务有限责任公司印刷

（山东省德州市经济开发区晶华大道 2306 号　邮政编码：253074）

开本：720 mm × 1 010 mm　1/16

印张：15.5　　字数：150 千字

2018 年 4 月第 1 版　　2018 年 4 月第 1 次印刷

定价：49.00 元

如发现印装质量问题，影响阅读，请与印刷厂联系调换。

目　录

▨▨ **第一篇　互联网经济的未来之路**

第一章　大数据打造一个全新的工业生态　_3

　　一、大数据时代呼唤定制化生产　_4

　　二、互联网让产业链从"6+1"到"4+0"　_6

　　三、数据金矿还被遗忘在角落里　_11

第二章　人人都有麦克风，但不是人人都能成功　_15

　　一、自媒体的本质是什么　_16

　　二、传统媒体和自媒体都会衰落，未来属于专业媒体　_17

　　三、现在有多少自媒体赚钱了？　_21

　　四、专业领域做到No.1才能生存　_23

第三章　85后、90后主导体验式消费　_27

　　一、青年群体口味决定电影票房　_28

　　二、购物进入青年群体主导的体验式消费时代　_32

　　三、从万达、三里屯到拉斯维加斯　_34

第四章　可穿戴智能设备在网络经济中大有可为　_39

　　一、Apple Watch出来以后，健康大数据成为可能　_40

　　二、大健康产业链颠覆传统寻医问药模式　_42

三、只有建立大健康产业链，才能防患于未然　_46

第五章　互联网经济的下一个风口　_49

　　一、优衣库与ZARA颠覆财富旧秩序　_50

　　二、互联网销售不是灵丹妙药　_52

　　三、互联网新价值洼地在制造业　_56

　　四、韩都衣舍学到了ZARA精髓　_60

第二篇　互联网经济风起云涌

第六章　疯狂的网购与电商大战障眼法　_65

　　一、中国网购的花儿别样红　_66

　　二、电商大战是一场精心策划的营销闹剧　_68

第七章　如火如荼的O2O创业如何收场？　_71

　　一、O2O泡沫离破灭不远了　_72

　　二、互补型O2O是唯一有生存价值的　_73

　　三、烧自己的钱下注O2O的百度　_74

　　四、十万分之一的成功几率　_76

第八章　互联网金融一夕遍地　_83

　　一、金融民营化的星星之火　_84

　　二、规模迈向万亿的余额宝　_85

　　三、让人又爱又怕的P2P　_88

　　四、微信红包风靡网络　_92

第九章　跨界并购何其多　_95

　　一、令人眼花缭乱的投资　_96

　　二、哪些投资会受到资本市场认可？三类！　_98

三、偏离主营业务的投资必会受到唾弃　_105

第十章　假货标签何时才能撕掉？　_107

　　一、白皮书风波　_108

　　二、淘宝的假货地图与假货经济学　_111

　　三、如何跨越假冒伪劣的藩篱？　_115

第三篇　"新经济"盛名难副，经济体内的虚火

第十一章　马云——一个时代幸运儿的故事　_121

　　一、国有银行的问题给了支付宝空间　_122

　　二、小小商贸企业也渴望高效便捷服务　_124

　　三、办公室购物的职场亚文化　_125

　　四、没有马云，也会有李云、王云　_126

第十二章　电商之花盛开在实体经济的伤口上　_129

　　一、从实体店的式微看阿里巴巴神话　_130

　　二、红火电商的背后，一将功成万骨枯　_132

　　三、阿里巴巴如何做到高效低价？　_135

　　四、最高效的物流体系，京东造！　_136

第十三章　小米的互联网思维只是新形式的价格竞争　_141

　　一、小米的创新在流通领域，不在产品本身　_142

　　二、缺少创新，配方替代不了工艺　_146

　　三、小米与格力，谁会笑到最后？　_148

第十四章　移动支付走红要感谢金融服务缺位　_151

　　一、夹缝里杀出来的支付宝　_152

　　二、中国内地版八达通何以夭折？　_154

三、美国的支付宝为什么长不大？　_157

▨▨ **第四篇　中国的互联网巨头与其国外同行**

第十五章　阿里与百度并购体量，Apple与Google并购远方　_163

一、马云多数的投资让人看不懂　_164

二、苹果和谷歌90%的收购都是技术储备　_166

三、谷歌从信息检索到高科技公司的并购转型之路　_169

四、多元化还是专业化，哪条路通向光明？　_171

第十六章　3Q大战，商业之争不能行使垄断之恶　_175

一、互联网公司垄断权力的边界在哪里？　_176

二、美国如何保护创新？　_178

三、国有垄断行业的边界在不与民争利　_179

四、反垄断的目的不是打击企业　_182

第十七章　苹果的闭环链与小米的硬件　_185

一、苹果打造"硬件+软件+内容"一体的"闭环经济"　_186

二、小米靠硬件，一招鲜吃遍天　_188

▨▨ **第五篇　互联网经济的健康基因**

第十八章　保护知识产权　_193

一、滞后于时代的商标法　_194

二、国外商战有何不同？　_196

三、草根的安卓系统何以能活命？　_198

第十九章　线上线下融合发展　_201

　　一、阿里与苏宁的联姻是否良缘？　_202

　　二、阿里降低物流成本，苏宁提升规模经济　_206

　　三、虚实结合，打造体验经济　_208

第二十章　如何监管互联网金融？　_213

　　一、互联网金融监管存在什么问题？　_214

　　二、P2P场外配资引爆千股跌停　_216

　　三、P2P的现状与危机　_218

　　四、互联网金融有效监管三原则　_221

第二十一章　中国的创新之路　_225

　　一、美国对创新的激励制度　_226

　　二、欧洲的工匠制度　_231

　　三、中国需要开辟第三条创新道路　_234

第一篇

互联网经济的未来之路

▶ **第一章**

大数据打造一个全新的工业生态

▶ 不管你是处于工业2.0阶段，还是处于工业3.0阶段，由于你只能生产"两个型号的马桶"，你都会被淘汰掉。

▶ 工业4.0时代，不需要仓储运输，不需要批发，也不需要独立的产品设计了，制造和产品设计将融合为一，形成一个前所未有的"4+0"新型产业链。

一、大数据时代呼唤定制化生产

2015 年 4 月 14 日，贵阳大数据交易所正式成立，为国内首个大数据交易平台。大数据时代来临了。

什么叫大数据呢？各位请注意，消费者刷银联卡支付，交易的数据就出来了；使用信用卡支付，消费的数据也出来了；使用电话通话，通信数据也出来了；使用微信、微博等各种应用软件上网，留下的信息都是数据；驾车出行有 GPS 定位，开车的数据也出来了。这是一个数据爆炸的时代。通过这些现代的通讯工具，我们积累了大量的数据。

数据量大到什么地步呢？我们用数据来说话：谷歌每天要处理 24PB（拍字节）的数据，而 1PB=1024TB（太字节），1TB=1024GB（吉字节）。假设一部高清电影约 1GB，那么谷歌一天处理的信息相当于 2516 万部高清电影，也相当于 100 亿本图书。到 2013 年为止，世界上存储的数据总量约 1.2ZB（泽字节）（1ZB=1024×1024PB），这个数据量是多大呢？如果把这 1.2ZB 的数据都刻成光盘，将这些光盘摞起来，可以去月球 5 次。

而且，这些数据的积累，会随着移动互联网的普及，呈现爆炸式的发展。互联网用户生活相关的所有信息，包括社交、消费、娱乐等方面的信息，会大量地积累。再加上 Apple Watch 等可穿戴设备的应用，互联网用户更多的个人隐私数据都可以被积累起来。因此，整个大数据的概念，会给整个社会带来革命性的影响。

我想问一下从事制造业的朋友：通过移动互联网带来的大数据时代，会不会给我们的制造业带来一个崭新的机会呢？或者相反，会不会带来一个毁灭性的打击？我告诉各位，移动互联网所推动的大数据时代一旦来临，可能将给我们的传统制造业带来毁灭性的打击。所以，今天想和各位谈谈为什么会这样。我也希望能够给我们的制造业提供一些新的思维，帮助制造业领域的朋友脱困，帮他们寻找一个崭新的未来。

请各位想一想，过去你是怎么买东西的？假如有 1000 个人要买手机，比如买苹果的 iPhone 手机，消费者会发现只有两个款式可选。这 1000 个人只能从这两个给定的款式中选择一款相对喜欢的手机。如果是去买马桶呢？消费者到商店去买马桶，同样会发现只有两个型号的马桶在销售，因此这 1000 个消费者，必须根据自己个人偏好，从这两个型号的马桶里面选一个自己比较喜欢的。可是万一消费者体型较小怎么办？是不是应该选一个比较小号的马桶呢？如果消费者体型较大呢？是不是应该选择一个比较大号的马桶？但是统统没有。为什么？因为消费者只能从商家提供的两个型号里面进行选择。

我们中国的制造业目前都处在这个阶段，生产两部手机、两个马桶的阶段。当然了，这里的"两个"是一个夸张的说法，实际的产品种类要多一点，但是终归是有限类型下的规模化生产制造模式。所以，我想跟各位提出一个新的思维。为什么德国和美国要推出工业 4.0，我们中国要推出"中国制造 2025"，也就是要推动中国版的工业 4.0？简单地讲，推出工业 4.0 的目的只有一个，那就是在移动互联网所促进的大数据时代下，让产品能够同时满足 1000 个人的需求。这就是工业 4.0 最基本的精神。

既然谈到工业 4.0，有的朋友肯定要问一下：工业 1.0、工业 2.0、工业 3.0 又分别是什么呢？先谈工业 1.0。工业 1.0 就是蒸汽机推动的机械化生产。当然工业 1.0 现在已经基本上从工业生产实践中退出了。工业 2.0 就是电力推动的大规模生产。例如富士康的工厂，全部是我们所熟悉的流水生产线，每一个人做一个机械的动作，效率高、成本低。这是工业 2.0。

工业 3.0 就是通过现代的电子信息技术，将生产过程中的自动化控制水平再提升一个档次的规模化生产，使产品的生产效率、良品率、机械设备寿命都得到提高。换句话讲，也叫做无人工厂。富士康的部分工厂就是无人工厂。可是请各位记住：尽管是无人工厂，但还是流水线生产。那就是为了降低成本，必须有机械化的动作：你装一颗螺丝，我钉一个钉子。因此，整个流水线最多只能生产两个产品，比如说两个马桶，或两个手机。只有这样，才能将产品的生产成本压缩到最低。这就是工业 3.0。

可是，大数据时代一旦来临，一定催生工业 4.0。如果我们的企业一直还处在工业 3.0 以前的阶段，未来则很难摆脱惨遭淘汰的厄运。而且我很遗憾地告诉各位，中国 99.9% 的企业都处于工业 2.0 的水平，目前能达到工业 3.0 水平的企业都是凤毛麟角，大概只有几家而已。不管你是处于工业 2.0 阶段，还是处于工业 3.0 阶段，由于你只能生产"两个型号的马桶"，你都会被淘汰掉。

二、互联网让产业链从"6+1"到"4+0"

在工业 2.0、工业 3.0 时代，制造业普遍采用"6+1"的产业链。包括哪些环节呢？也即产品设计、原料采购、仓储运输、订单处理、批发跟零售这六大块，加上制造，形成完整的"6+1"产业链。什么意思呢？以服装生产为例，产品设计很重要。服装生产商通常都会找一个从欧洲留学回来的、怪里怪气的长头发设计师，而且设计师的作品通常都是不接地气的。这就是过去的工业 2.0 或工业 3.0 时代的思维。

请看图 1-1，工业 2.0、工业 3.0 时代制造业"6+1"产业链。在这个"6+1"的产业链上，第一步，服装生产商首先会找一个自认为很有创造力的设计师，设计一些奇奇怪怪的衣服；第二步，采购布料、纽扣等加工成衣的原材料；第三步，将这些原材料储存起来；第四步，接订单；接订单以后走到图 1-1 最右面的制造环节，把仓库里面的原料拿出来，经过加工制造变成产品，然后再放在仓库里面；第五步，批发；第六步，零售，卖给消费者。整个过程大概需要 180 天。这个产业链会导致什么问题各位知道吗？这种完全不接地气的产品设计会造成大量的产能过剩。

图1-1   工业2.0、工业3.0时代制造业"6+1"产业链

根据中国纺织网的数据，2014 年，全国的服装行业总共生产了 299 亿件衣服，国内消费了 90 亿件，剩下的衣服用于减价出口或作为库存。各位猜一下有多少库存？ 2014 年一年就有 40% 的库存，换句话讲是 120 亿件的库存。目前库存到了什么地步各位知道吗？至少有 500 亿件以上的库存，全国老百姓十年都穿不完。

工业 3.0 以前的时代，一定是通过"6+1"的产业链从事生产，最后导致一个严重的恶果——产能过剩。不仅因为设计师的设计根本不接地气，还有就是产品单一，不够多元化。我们在前文讲过，虽然我们有 1000 个消费者，可是只有两个款式的 iPhone 手机，两种型号的马桶。为什么只有两个型号？因为流水线是非常昂贵的，根本不可能生产更多的型号。所以在工业 2.0、工业 3.0 时代，富士康也只能生产两款 iPhone 手机。因此第二个恶果出来了：产品过于单一化。所以，在工业 3.0 以前的时代，我们中国制造业有两大特征：一是严重的产能过剩，不接地气；二是产品极为单一。

再以空调为例。2015 年，我们空调行业一年的产能大概是 4000 万台，而当年空调库存就已突破 4000 万台。这就是我讲的产能过剩、产品不接地气的结果。而且生产出来的空调型号不多，产品过于单一，也不能满足 1000 个人的个性化需求，这就是工业 2.0、工业 3.0 时代的问题。那么到了工业 4.0 时代，就有可能同时满足 1000 个差异化的需求。所以到了工业 4.0 时代，制造业 "6+1" 产业链起了重大变化。

　　第一，不需要仓储运输了；第二，不需要批发了。因此，"6+1" 的产业链立刻转变成 "4+1" 的形态。然后制造业产业链继续演化，变成 "4+0" 的形态，因为产品已经不再需要独立的产品设计了。我们不再需要一个长头发的设计师来设计，因此制造和产品设计将融合为一，形成一个前所未有的 "4+0" 形态的新型产业链。在 "4+0" 产业链中，订单处理是其中最关键的环节，作用最大。订单处理完了之后才是产品设计跟制造，然后再去采购原料，最后是终端零售。这就是工业 4.0 情景下的新型产业链。它以订单处理为主导，其他环节都是次要的。

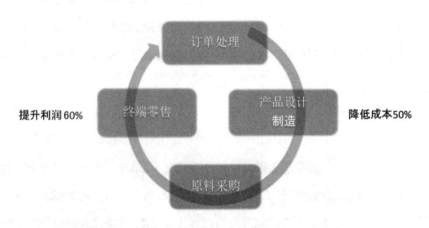

图1-2 工业4.0时代制造业 "4+0" 产业链

　　过去我讲的服装 "6+1" 产业链是，设计师先设计衣服，然后购买纽扣、布料，接下来就是仓储，接订单，制造，再仓储，批发，最后到零售，产业链条非常冗长。到了大数据时代，很多环节都不需要了。为什么？根据大数据可以预测消费者到底喜欢什么样的产品。

　　下面我以美国塔吉特百货（Target）为例，来分析大数据时代下制造业 "4+0" 产业链是怎么运作的。请看图 1-2。

第一，订单处理，通过大数据实现与零售的无缝对接。根据《纽约时报》2012 年 2 月 16 日的报道，Target 根据用户大数据处理推定一个女孩子可能怀孕了。怎么做到的？因为到了怀孕的第三个月，孕妇通常都会使用没有香料的洗发精、肥皂、面霜等。再过几个月，她们会喜欢使用含有镁、钙、锌等元素的保健品。所以，商家只要发现某个顾客开始用这些产品的时候，就知道她可能怀孕了。

于是，商家就把怀孕产品优惠券寄到这个女孩家。女孩的父亲接到优惠券之后大发雷霆，痛骂这家公司的销售经理，他说他女儿还没有结婚怎么可能怀孕！一个月之后，这位父亲打电话去道歉，因为他发现他的女儿的确是怀孕了，那个公司发来的优惠券并不是误发。父亲对女儿的了解程度，还不如这家公司，因为这家公司通过大数据分析准确判断女孩怀孕了。并且，这家公司通过大数据分析知道，这个女孩子使用没有香料的洗发精，还知道她喜欢 Hello Kitty（凯蒂猫）的造型，知道她还喜欢一些特殊的香料等。

接下来做什么呢？进入到第二步产品设计环节。产品设计不再是由留着长头发的设计师完成，而是根据这个女孩子的个人消费数据来进行设计。你会突然发现，生产线上出现了一个 Hello Kitty 外包装的洗发精瓶子，瓶子上印有商品识别标签。这个商品识别标签会指定只能用不含香料的原料灌装进去。整个生产过程完全按照这个女孩子所喜欢的元素进行。也就是说，根据消费者的需求和偏好信息，产品就自动设计出来了。这是非常接地气的产品设计，完全是为这个女孩子量身打造的设计。这种设计甚至可以在瓶子上面打上这个女孩子的照片跟她们家的地址。

第一个瓶子是有 Hello Kitty 的，是为了这个女孩子而生产的，第二个瓶子可能是别的型号，第三个瓶子又是另外一个不同型号的。经流水线出来的产品，会是 1000 个不同型号的洗发精，满足 1000 个人的不同需求。谁能做得到？德国巴斯夫。德国巴斯夫在产品设计及制造阶段就将订单处理实现按需定制，为每一位客户制造出经过特别设计的专用洗发精。

如果你是企业家的话，你还停留在工业 2.0、工业 3.0 的水平上，你肯定会认为，在一条流水线上生产 1000 种不同的洗发精，那不是会导致生产成本大大增加吗？你想到的基本都是错的。为什么？因为你还是工业 2.0、工业 3.0 的思维，你根本就不懂工业 4.0。

我跟各位再举个例子。哈雷摩托车采用工业 4.0 模式，最后什么结果呢？成本下降 40%，效率增加 28 倍。过去生产一台摩托车需要 21 天，到了工业 4.0 的时代只需要 6 个小时，早上 9 点订货，下午 3 点取货，而且一条流水线生产 1000 种不同的摩托车。一个新的时代来临了。请问各位：你怎么竞争？

德国有 44% 的工业已经采用工业 4.0 的模式。其中，汽车制造业有 53% 的企业采用，电子行业有 48% 的企业采用，化工行业有 42% 的企业采用，机器制造业有 41% 的企业采用。工业 4.0 模式不但能够同时满足 1000 个不同的需求，而且效率大幅提升，成本大幅下降。请问各位朋友，我们的工业 2.0、工业 3.0，怎么去跟德国竞争？我们的制造业企业成本高，产品款式少，而且还有产能过剩问题困扰。

第三步是原料采购。目前，即使是工业 4.0 模式，人们也做不到智能化处理原料采购。以铜为例。从理论上讲，人们今天可以对铜未来价格的走势做出预测。如果判断未来铜的价格会上升，可以及早买入；如果判断未来铜的价格会下降，可以等生产需要时再购买。人们还可以根据铜的存货储量，选择采购原料的最适当时间和比例，以使原材料采购成本再次大幅降低。从理论上讲，制造业企业可以通过大数据来对此做出预测。目前在工业 4.0 阶段，人们还做不到利用大数据判断大宗商品的价格变动趋势，但是可以做到自动下订单，自动购买原料。

最后一步是终端零售。工业 4.0 时代还需要批发吗？不需要！为什么？个性化的产品生产出来以后，可以直接送到顾客家里。就像前面讲的例子，把那个女孩子喜欢的有 Hello Kitty 外包装的洗发精直接配送到她家门口，告诉她这是专门为她定制的产品，没有香料，而且有她喜欢的图案。根据大数据应用的效果，有

80% 以上的人会购买。在这种情况下，制造商还需要做广告吗？不需要。因此，广告行业也将大幅萎缩，批发也不需要了，仓储也不需要了，因为商家直接将产品送到消费者的家门口。这就是未来的营销模式。各位知道吗？那将是一个天翻地覆的变化，一个全新的体验。这就是工业 4.0 带来的憧憬。

各位朋友请看图 1-2。我再把大数据时代所创造的"4+0"形态的产业链，给各位做个简单的分析，看看目前做到什么程度了。第一个阶段，订单处理。全世界到了什么地步？根据美国国际数据集团 2014 年的数据，美国 70% 的企业已经考虑使用大数据对企业进行管理。我们要看到趋势，奋力追赶。第二个阶段，产品设计与制造。我前面讲过，在德国有 44% 的企业已经采用了工业 4.0 的生产模式，而且根据麦肯锡的研究结果，制造业使用大数据可以降低产品开发及装配成本的 50%。第三个阶段是原料采购。目前还做不到利用大数据对原材料价格做出预测。第四个阶段，终端零售。根据 IBM 调查结果，63% 的零售商认为，分析大数据能获得惊人优势；麦肯锡预测，零售商充分利用大数据，可实现利润增长 60%。而且德国的一些工业 4.0 的工厂，已经使得产品上市时间缩短了 50%。另外，沃尔玛在 2007 年建立了一个超大的数据中心，数据量是美国国会图书馆的 167 倍。其工程师从每天的热销商品中，及时推出与消费者需求相呼应的产品，创造消费需求。

工业 4.0 的理念，在欧美国家已经开始爆炸性使用了，而在我们中国还没有开始。我想提醒各位朋友，如果我们不抓住这一发展的潮流，将来中国制造业企业所面临的将是一个毁灭性的打击。大数据给我们带来的，不是机会而是毁灭。因为大数据在其他国家催生了工业 4.0，而我们连思维也还没有跟上。

三、数据金矿还被遗忘在角落里

我希望各位朋友记住：大数据时代已经是不可避免的了。分析和利用大数据，推动工业 4+0 新型产业链的发展，一定是我国制造业的发展方向。这点非常重要，而我们在这方面做得还是不够。

我想跟各位做一个简单的分析。2009 年 1 月奥巴马入主白宫后，做的第一件事就是要求联邦政府各部门通过政府数据下载网站 www.data.gov，向社会公开各类非保密的数据。2010 年，美国国会又开通了应用服务网站，提供了超过 40 万种各类原始数据文件，涵盖了农业、气象、金融、人口、就业等近 50 个门类，并且提供了几千个应用软件。什么目的呢？通过立法和政府的推动，将大数据尽量向社会公开。数据公开得越多，整个社会获取数据的成本就越低，进而使得社会运转的效率越来越高。

举个例子。微软和埃森哲应用西雅图市公开的数据，通过预测分析工具，试图找出可行的节能措施，目标是将耗电量降低 25%。而英国政府的数据公开也做得很好——通过高效使用公共大数据，每年可节省约 330 亿英镑。也就是说，数据的公开对大数据的推广应用起到了至关重要的作用。许多国家的政府都在推动大数据应用。我们在大数据推动方面存在三个问题。

第一个问题是少作为。什么意思？很多数据本应该有而实际上没有。比如城市道路规划的数据、地下管网建设的数据，我们许多地方政府规划部门都没有。还有水、电、燃气、通信等数据，也都是一样的情况。地方政府在数据采集、统计、规范方面的少作为，使得我们没有足够的数据来对城市建设做出定量的分析。很多政府单位根本不知道数据的重要性。这也是他们少作为的一个因素。

第二个问题是不统一。比如房产信息与公安部门的户籍数据，就是彼此独立的系统，就像两个信息孤岛。各部门都有自己的网上数据服务系统。各系统要么都缺少某些数据，要么就是重复，也就是说，要么是不够用，要么是太浪费。根据我们的调查，现存的 3000 个数据库当中，真正能够用上的大概只有 10% 而已。

第三个问题是不公开。"目前我国信息数据资源 80% 以上掌握在各级政府部门手里，'深藏闺中'是极大浪费。"李克强总理在 2016 年 5 月 9 日的全国推进简政放权放管结合优化服务改革电视电话会议上说道。中国 80% 的数据信息都是政府控制的，而目前基本上都没有公开。为什么不能公开呢？公开就意味着监督。政府愿不愿意接受监督本身就是个思维转变的问题。这使得我们迈向大数据时代困难重重。可是，如果不通过大数据，就无法推动工业 4.0 的发展，进而导致我们整个的工业 2.0、工业 3.0 系统被全面淘汰。所以，在此我要呼吁政府重视大数据，尽量公开那些非保密的数据，帮助整个社会建立一个庞大的数据库，然后通过大数据推动工业 4.0。这才是我们国家未来应该走的方向。

第二章

人人都有麦克风，但不是人人都能成功

▶ 自媒体其实就是从传统综合媒体到专业的传统媒体过渡的一个中间体。几年之后，一旦成功转型为专业的传统媒体，自媒体就会消失。

▶ 任何做自媒体的人毫无例外都必须走专业化的路线。如果郎咸平要搞自媒体的话，也只能搞财经版块，因为这是他的专业。

▶ 以后哗众取宠、谩骂的媒体会大幅度减少，我们政府跟老百姓所共同期望的全新的、干净的媒体时代终究会到来。

一、自媒体的本质是什么

近年来，国内最主流的电视媒体——央视有大量主持人、记者离职，他们去哪儿了呢？许多加入了欣欣向荣的自媒体行列。"财富故事会""读报时间"的主持人王凯从央视离职，创办了"凯叔讲故事"，目前是国内最大的儿童有声故事品牌；著名主持人崔永元也离职了，赴美调查转基因粮食，推出了专辑纪录片，还开通微视创办"8秒电视台"；马东离开央视后先是加盟爱奇艺，之后辞职在视频内容制作领域创业。

纸媒的情况也一样。《第一财经日报》总编秦朔辞职，投身自媒体，上线了自媒体品牌"秦朔朋友圈"；《时尚芭莎》执行主编、新媒体总经理于戈离职之后创办了自媒体——她离职时的个人公众号，估值就超过2000万；《新快报》汽车版主编徐晨华辞职创办汽车类微信公众号——"有车以后"；《南方都市报》前首席记者姜英爽创办了微信公众号"大米和小米"，是面向自闭症患者的服务平台。

自媒体出来以后，吸引了大量传统媒体的精英人士加入到这个新的领域。在这里，我想和大家谈谈什么叫做自媒体。自媒体应该是转型过渡阶段的一个产物。下面，我们来看看它是怎么演变的。

传统的综合性报纸，一般有十几个版面，每个版面讨论不同的话题，比如财经、时政、娱乐、健康、社会、文化、旅游、军事等，而每个版面面对的读者并不是完全重合的。因此自媒体的第一阶段，就是专注于报纸那十几个小方块的其中一个，甚至更小的细分版块，专业地讨论一件事情。也就是说，传统媒体裂变的第一步是，在传统报纸的每个版面上，长出许多自媒体。

接下来第二阶段，就是在这众多的自媒体里面，会有少数脱颖而出，拿到风投。风险投资来了之后，会促使这些自媒体成长为他们所在细分领域的专业媒体。原因是，风投一定会要求这些自媒体：1. 变现粉丝，创造现金流；2. 持续输出高质量的内容，也就是内容为王。这两个要求，就一定迫使自媒体变成系统化的公司运作，小的几十人，大的上百人。从选题策划、文字编辑、图片处理、录像配音等环节都需要专业团队负责。最后内容呈现会非常严格：一个标题都可以改几十遍，一个图片可以调整上百遍，一段几分钟的视频可能需要十个小时的素材，拍摄、制作的时间更不用说了。

最后第三阶段，就是经过相同领域专业媒体的互相竞争，会逐渐形成垄断，只有排名第一的才能生存。因为投放广告的商家都是很聪明的人，他们一定会把广告投放在流量最大的平台上。以汽车自媒体为例，获得风险投资公司的注资以后，就会慢慢变成汽车领域的专业媒体。汽车自媒体的目标客户定位非常清楚，因而会吸引汽车生产商在这个专业的自媒体平台上投放广告。这样一来，汽车领域所有的小方块当中，成长最快、规模最大、专业化程度最高的一个小方块将成为唯一的汽车专业媒体，其他的都很难生存。

所以什么叫做自媒体？自媒体其实就是从传统综合媒体到专业的传统媒体过渡的一个中间体。几年之后，一旦成功转型为专业的传统媒体，自媒体就会消失。

二、传统媒体和自媒体都会衰落，未来属于专业媒体

我们先来看看为什么传统媒体难以为继。请看图 2-1，传统媒体与网络媒体广告投放增长率比较（2010—2014）。图中下方一条线是报纸广告的增长率：从 2010 年的增长率 18.5%，到 2011 年变成 11%；从 2012 年到 2014 年，连续三年在报纸投放的广告在加速萎缩，增长率为分别为 -7.5%、-8.1% 和 -15%。传统

媒体报纸对广告的吸引力是江河日下，2016 年之后更是难以为继。

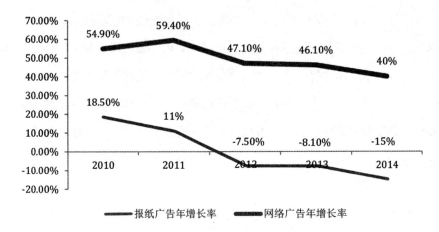

图2-1　传统媒体与网络媒体广告投放增长情况比较（2010—2014）

图中上方线条代表网络广告的年增长率。从 2010 年一直到 2014 年，连续 5 年网络广告投放的增长率都超过 40%，成长势头非常迅猛。2014 年网络广告增长率相对于前几年有所下降，但是各位要晓得，2014 年，中国经济下行压力那么大，网络广告增长率还能够超过 40%，是非常厉害的。因为同样是 2014 年，报纸广告的增长率是 -15%，下降得非常厉害。

我们再来看图 2-2，全国报纸零售发行增长率。图中用的是半年期的数据。全国报纸零售发行增长率，2012 年下半年为 -2.91%，2013 年上半年是 -8.87%，2013 年下半年是 -10.56%，2014 年上半年是 -16.74%，2014 年下半年是 -23.11%。如果我们以年为单位来计算的话，2014 年和 2013 年相比是下降了 30.5%。

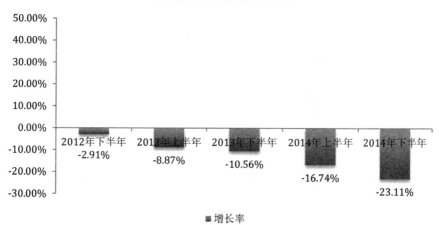

图2-2   全国报纸零售发行增长率

美国也不例外。从 1990 年到 2014 年，美国报业从业人员的数量下降了 25%。传统媒体也是日薄西山，难以为继。有的朋友可能要问郎教授：难道不需要媒体了？难道媒体要消失了吗？

不是这么简单的。调查发现，2015 年，老百姓平均每天花在媒体上的时间是 6 小时 8 分钟，与传统媒体时代相比，关注媒体的时间并没有减少。那么，老百姓都去看什么媒体呢？请看图 2-3。柱图从下端往上，四种不同的颜色依次代表数字媒体、电视媒体、收音机和印刷媒体，柱形的长短代表老百姓在该媒体上所花费时间的占比。我们从下往上看，数字媒体是最有意思的，时间占比从 2011 年的 35.8% 上升到 2015 年的 50.4%。换句话讲，我们老百姓看媒体的时间有一半花在数字媒体上。电视媒体的时间占比由 2011 年的 55.5% 下降到 2015 年的 43.6%。收音机时间占比从 2011 年的 3.7% 下降到 2015 年的 3.1%。印刷媒体是最差的，从 2011 年的 4.9% 下降到 2015 年的 2.9%。

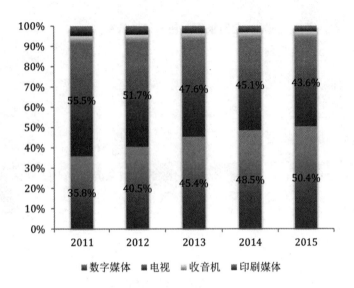

图2-3　中国成年人在不同媒体类型上花费时间的比例（2011—2015）

也就是说，从图 2-3 可以看出来，我们老百姓不是不需要媒体，而是不需要传统媒体，我们需要的是数字媒体。媒体的需求结构在发生变化。这个转变是非常重要的。对于电视、报纸、广播等传统媒体的从业人员来说，他们处在一个夕阳阶段，未来只有离职的份。要知道，数字化新媒体，比如微信和微博，有两大优势。

第一个优势是渠道零成本。举个例子，根据新京报传媒一位副总裁的说法，如果不算印刷费的话，《新京报》的稿件是每个字是 5 元钱，成本是非常高的。如果算上印刷费，4 开 56 版的都市报，它的成本是 2 元钱。如果只卖 1 元钱怎么办？卖 1 份亏 1 元，卖 100 份亏 100 元，卖 100 万份就亏 100 万元。可是如果用微信这样的现代化的数字化新媒体呢？你会发现你的渠道是零成本。

第二个优势是激发创造力。传统媒体时代，从业人员的收入是有限的。以记者为例，只有 7% 的记者可以达到月薪超过 1 万元的水平，只有 1% 的记者可以达到月薪超过 1.5 万元的水平。在今天物价高涨的生活环境下，许多记者的收入是捉襟见肘的，不要说买房子，就是生个小孩可能都养不起。可是如果增加记者的收入，传统媒体的亏损就会更加严重。这种情况怎么办呢？自媒体创造了新的舞台，只要你够优秀，你的收入可以是无限高的。有两个自媒体做得特别好，它们的估值分别达到13亿元和7亿元。也就是说，你只要够优秀，总是会有你的市场，你的收入基本上是无上限的。

现在自媒体就是在数字化新媒体的传播手段下成长起来的，它也就拥有这两大优势。近几年，体制内大量媒体精英走出来创办自媒体，就是在这种环境下发生的。

那么，自媒体能做什么呢？一个人的精力是极其有限的，所能做的只能是自己最熟悉的领域。任何做自媒体的人毫无例外都必须走专业化的路线。像我本人就不可能搞汽车自媒体，也不可能搞旅游自媒体——这些都不是我的专业。如果我要搞自媒体的话，也只能搞财经版块，比如"郎CLUB"——这是我的专业。

因此，在自媒体渠道零成本跟激发创造力的作用之下，结果必然是走向高度专业化。它会使得报纸原来20个版面被打散形成20个方块，比如科技、体育、文学、影视、旅游、星座、娱乐、时尚、社会、饮食、教育、财经、军事、汽车、育儿、养生、音乐、读书等，最后形成专业化版块。这些版块就是我们今天所谈的自媒体。

三、现在有多少自媒体赚钱了？

自媒体发现到现在这个阶段，就不可能再靠哗众取宠、造谣生事、人身攻击来吸引读者了，因为这些都是非常不专业的表现。自媒体也不可能以谩骂的风格立足，不管是骂人还是骂政府，都没有市场，只有专业化才能赢得关注。

下面，请各位再想一下：自媒体走到这一步能够赚钱吗？专业化的媒体能够赚钱吗？能。请看图 2-4。根据 2015 年 11 月发布的《自媒体人生存状态调查》显示，49.49% 的自媒体已经盈利，41.38% 的自媒体没有盈利，还有 9.13% 的自媒体表示目前没有盈利，不过已经获得风险投资。

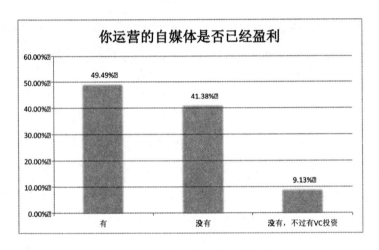

图2-4　自媒体盈利情况调查

只要文章写得好，阅读量大，作者就可以拿到诱人的广告分成。自媒体平台如果有几十万粉丝，6 万元一条广告，好的可以达到 12 万一条广告，这是自媒体经营者重要的收入来源。

自媒体平台月收入多少呢？月收入少于 1 万元的自媒体平台占了 64.31%；月收入在 1 万—5 万元的自媒体平台占 17.24%；月收入在 5 万—10 万元的自媒体平台占 7.3%；月收入在 10 万—50 万元的自媒体平台占 8.72%；月收入在 50 万—100 万元的自媒体平台占 1.01%；月收入在 100 万以上的自媒体平台占了 1.42%。不要小看这个 1.42%。目前微信公众账号已经超过 1000 万个，甚至达到 2000 万个。假如总量有 2000 万个微信公众号，1.42% 就是 28.4 万个自媒体平台；如果总量是 1000 万个微信公众号，那么也表示有 14 万个微信自媒体的月收入超过 100 万元。自媒体的潜力是无限的，因为我们的社会非常饥渴地需要一些专业知识，而自媒体刚好应运而生，提供给我们消费者最需要的专业信息服务。所以自媒体未来的盈利的空间还是非常大的。

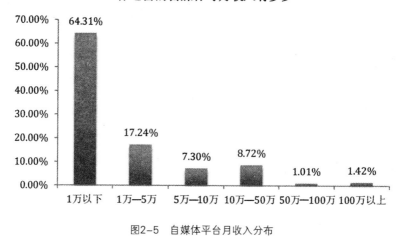

你运营的自媒体每月收入有多少

图2-5　自媒体平台月收入分布

四、专业领域做到No.1才能生存

如果自媒体平台前景这么好，当然会吸引大量的风投资金进来。风投资金进来以后，一定希望自媒体平台能够做大，估值水平提高，然后风投资金才能赚钱撤出。所以，风投资金一旦进入自媒体之后，资本的力量驱使自媒体开始创新，越做越大。于是，每个自媒体平台都会有非常多的专业人员，甚至会有很多自媒体平台先花几万块钱，请领域内的权威专家写一篇有分量的文章。自媒体的编辑团队也是最专业的：一个图可以修改几十次，一个标题修改上百次，他们要提供最好的专业服务给平台的忠实粉丝。

风险投资入股自媒体平台之后，每个领域的自媒体加速成长。每个自媒体平台都有自己最专业的团队，很多时候办公楼的整一层都是某个自媒体平台的后台运营基地。那么自媒体平台发展到这一步，又和过去的传统媒体有什么不一样呢？传统媒体不也是租下一个办公楼，有庞大的后台支撑部门吗？自媒体与传统媒体的一个重要的区别就是，传统的纸媒囊括了所有的专业领域，是一个综合信息媒介；而自媒体专注于专业领域，成为一个细分领域的权威信息集散平台。

传统媒体分化出来的 20 个方块，就形成 20 个专业的自媒体。他们的运作形式和传统媒体是一模一样的：也是租下一层楼，聘用编辑、美工、记者、写手等，提供最好的专业化服务。例如一个报纸裂变成自媒体之后，又转型为专业的传统媒体。我以汽车为例。由于它的目标客户非常清楚，因此广告投放有的放矢，是最精准的广告投放，会比过去报纸广告的效果好很多。因此，大量的汽车广告会投入流量最大的汽车自媒体平台，排名第二的汽车自媒体平台就很难生存。发展到最后，又将会是一些大型的、像过去传统媒体一样的专业媒体逐渐落地生根，发展壮大，自媒体完成历史使命后就退出舞台。自媒体嫁接了已经日薄西山的传统媒体以及欣欣向荣的专业媒体。

目前我们正处在自媒体爆炸的发展阶段，也是风险投资正向自媒体领域进军的阶段。任何有才华的年轻人，只要你足够优秀，你就会有机会利用自媒体的形式创业。你擅长说故事，就搞个说故事的平台；你会讲段子，就搞个讲段子的平台。但是你也要注意风险，风险投资进入之后，专门说段子的平台中最优秀的才能生存，排名第二的就很难生存了，因为广告都会投到最优秀的平台去。未来，我期待着会有千千万万非常专业的传统媒体，出现在所有老百姓的眼前，到这个阶段就有意思了。

我再跟各位讲一个故事。为什么我这么肯定地认为，传统媒体会发展成为专业型的传统媒体？就像前面我提到的，自媒体平台一旦接受了风投的资金以后，一定像过去传统媒体一样，有两个要求。

第一个要求是变现粉丝。自媒体平台有这么大量的粉丝，资本方怎么可能不要求变现呢？他投资的最终目的是要赚钱的。如果他要讲概念，甚至包装上市，所投资的自媒体平台必须要有稳定的现金流。这就是为什么我们会看到有许多知名的平台在卖酒，还有的媒体卖书、卖大米。某平台在 2014 年就卖出了 75 吨大米；有的平台在 2015 年卖的书销售额接近两亿元。看到没有？粉丝变现。这和过去我们所了解的传统纸媒有什么差别呢？没差别。你要变现，创造现金流。

　　第二个要求是内容为王。这一点也和过去的传统媒体一样。自媒体的内容必须足够专业，有更好的内容才能吸引更多的读者。请看图 2-6，你觉得做自媒体最难的是什么。41.38% 的自媒体说拥有持续的内容产出能力是最难的，这和传统媒体是一样的，好的内容是最难的。29.82% 的自媒体认为，规划成熟的商业化变现模式是最难。23.94% 的自媒体认为获得用户及粉丝的流量是最难的事情，还有 3.64% 的自媒体认为寻找投资方最难。认为寻找投资最困难的比例之低让我感到震惊。

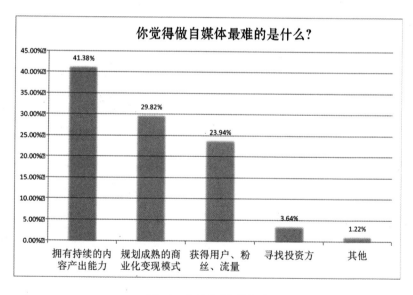

图2-6　自媒体成长的瓶颈

换句话讲，96.4% 的自媒体认为，寻找投资方不是个事。为什么？只要自媒体有好的内容，有优秀的管理团队、专业的创作团队，寻找投资方不是问题。

总结一下，20 个版块的报纸裂变之后，形成 20 个专业化的方块，也即形成第二阶段的自媒体，再经过风险投资进入以后，自媒体又演化成为专业的传统媒体。为什么称其为专业的传统媒体？因为它做的事和传统媒体一样：第一个要变现粉丝，第二个是内容为王，和过去没有任何的差别。在自媒体火爆发展情况之下，我们期待一个崭新媒体时代的来临，那就是一个更健康、更干净、更权威的专业化传统媒体时代。这是我所期待的，也是真正市场化的选择。以后哗众取宠、谩骂的媒体会大幅减少，我们政府和老百姓所共同期望的全新的、干净的媒体时代终究会到来。

▶ **第三章**

85后、90后主导体验式消费

▶ 这是特立独行的一群青年人，是和过去的青年完全不一样的一群青年。他们为了省钱去网购，为了时间上的弹性在网上看视频节目，但是为了生活体验，他们情愿花钱去电影院看电影。

▶ 以三里屯模式、太古里模式为代表的中级体验式消费是最适合青年群体的。

一、青年群体口味决定电影票房

2015 年中国的电影市场非常火爆，尤其是《西游记之大圣归来》（以下简称《大圣归来》）和《捉妖记》，取得了惊人的票房。根据一些媒体的报道，《大圣归来》的票房超过 9 亿，《捉妖记》的最终票房超过 24 亿。在此我不想讨论票房数据的水分问题，我想谈一个我们一直忽略的现象，那就是为何在经济低迷的今天，经济下行压力如此巨大的今天，电影行业能够逆势增长。我相信这个话题是非常有意思的。

在回答这个问题之前，首先请看图 3-1，看看到底谁去看电影。电影观众分布的百分比如下：18 岁及以下，占 1.73%；19—23 岁，占 26.6% 的比例；24—

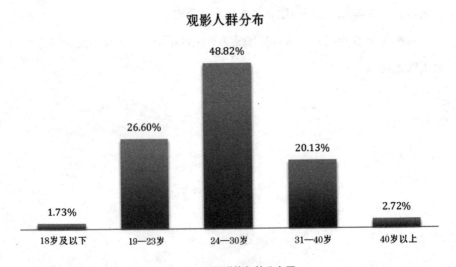

图3-1　观影群体年龄分布图

30 岁，占 48.82% 的比例；31—40 岁，占 20.13% 的比例；40 岁以上，只占到 2.72%。所以说，19 岁到 30 岁之间的观影人群大概占到 75%。换句话讲，从考上大学一直到就业之后的几年内的青年，是看电影的主力人群，占了 75%。

各位想一想：这个群体有什么特点？这些人，要么是正在读大学，要么是毕业不久，事业刚刚起步，这应该是他们人生中经济收入最差的一个阶段。在这样一个阶段，他们为什么可以看电影？

各位朋友有没有看过吴宇森导演的《太平轮》？演员选的都是大牌明星，包括章子怡、金城武、黄晓明等。我们都以为这个电影会热卖，事实上《太平轮》上部的票房只有 2 亿元，而下部只有 5 千万元，和《大圣归来》、《捉妖记》相比，简直是差太多了。吴宇森是国际知名的导演，在他内心深处，根本就不想去迎合这些青年群体。他认为表达自己的理念，拍一部自己想拍的片子是最重要的，他纯粹是一个理想主义者。但是，吴宇森不顾青年群体是看电影主体人群的客观事实，票房上就会失败。他拍了上、下两集，加在一起的票房只有 2.5 亿元人民币。为什么？我们国家的这些青年群体，根本不知道什么叫"太平轮"。像我这个时代的人，才知道什么叫"太平轮"，但是我们这个年龄段的人又不是看电影的主体。那青年群体知道什么呢？他知道《奔跑吧兄弟》，甚至知道《智取威虎山》，但《太平轮》是一定不知道的。所以，它的票房一定惨败。因为从上大学开始一直到 30 岁的青年群体，才是看电影的主体。可是我刚刚说过了，这些人有什么特点？经济上比较窘迫。

那么既然没多少钱，又怎么会去看电影呢？一起来看看他们的网购行为，我们就能找到答案了。请看图 3-2，网购人群年龄分布。如图所示，18 岁及以下的群体占网购消费者群体的 7%；19—24 岁占了 42%；25—29 岁占了 28%；30—34 岁占了 14%；35—39 岁占了 4.5%；40 岁及以上的占了 4.3%。各位看到没有，网购人群和观影人群，基本上是同一群人。而且图 3-1 与图 3-2 这两个图，整个柱状体的走势，基本上是一模一样的。也就是说，19—30 岁的青年群体是网购主体，占了多少呢？占了 70%；这一群人同时也是看电影的主体，占了 75%。

这一批人是以网购为主的，他们怎么做网购呢？比如他们出去逛街，看到喜欢的产品之后，再从网上购买同款产品，因为比较省钱。就是因为他们的经济能

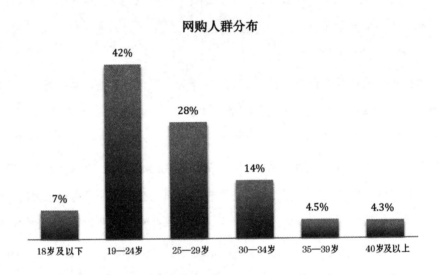

图3-2　网购人群年龄分布

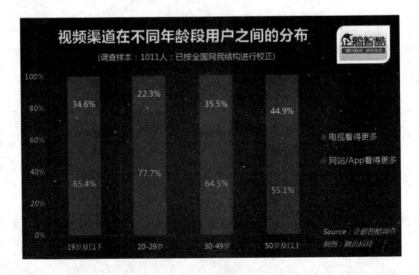

图3-3　视频渠道在不同年龄段用户之间的分布

力相对来说是比较弱，他们为了省钱，所以就进行网购。

可就按照网购会省钱的逻辑来讲，去电影院看电影不是浪费钱吗？因为一部片子下线之后，一两周后网上都有高清的视频出现。如果为了省钱，怎么不在家里看呢？请看图3-3。

如果你有想看的电视节目，是在电视上看，还是在网上看？你会发现，20岁到30岁这一群人，也就是从刚开始读大学到刚工作没几年的这群青年群体，有77.7%的人会在网上看，而不是去看电视。为什么呢？我以"财经郎眼"为例。因为广东卫视播出该节目的时间是周一晚上九点十四分，你得盯着看是不是？万一播出当晚你去约会了，或你有其他事情，怎么办呢？为了方便，就在网上直接搜索出来看就行。因此，对于这一群青年群体而言，他们不会按照电视台规定的节目时间去看电视，而是按他们自己方便的时间在网上看。这非常合理，也非常符合他们的生活基调。也就是说，这些大学生或者是刚进入社会工作的青年，由于收入相对而言比较低，所以他们一定是这种生活心态：喜欢网购和网上看节目。

如果按照这个思路推下去，那么这个群体也应该会选择在网上看电影才对。这样推理对吗？错了！这些人更愿意花钱去电影院看电影。这符合青年群体的网购特性吗？或者说符合他们在线上看电视节目的特性吗？不符合啊！

为什么呢？这里我想提出一个全新的思维，那就是体验式的生活，或者说体验式消费。这批青年走进电影院是一种什么样的感觉呢？比如带女朋友一起去看电影，拿一桶爆米花、两杯可乐，看着IMAX大屏幕，整个感觉就是不一样。中国现在已经进入一个体验消费的时代。这个时代完全是由19到30岁这个年龄段的青年群体所主导的。他们是特立独行的一群青年，是和过去的青年群体完全不一样的一群青年。他们为了省钱而去网购，为了时间上的弹性在网上看电视或视频节目，但是为了生活体验，他们情愿花钱去电影院看电影。整个中国的电视节目为什么如此衰退？因为这群青年需要有弹性的时间。为什么网购这么火爆？因为这群青年通过网购可以降低他们的生活成本。为什么电影票房这么高？因为这一群青年喜欢生活的体验。一个以 19 岁到 30 岁左右的青年为主导的时代来临了。

二、购物进入青年群体主导的体验式消费时代

这群青年人钱不多，但是生活有品位，希望过体验式的生活。这种情况和美国的情况是完全不一样的。请看图 3-4，美国电影观众的年龄段分布是非常平均的：17 岁及以下占 25%；18—24 岁之间的占 13%；25—39 岁之间的占 23%；40—49 岁之间的占 13%；50—59 岁之间的占 12%；60 岁及以上的占 13%。因为观影群体的年龄分布非常均衡，美国人拍片子通常要迎合所有年龄段的人。有卡通影片，比如《灰姑娘》《海绵宝宝》；有灾难片、动作片，比如《末日坍塌》《速度与激情》；还有情色片，比如《五十度灰》；还有音乐剧，比如《完美唱调》

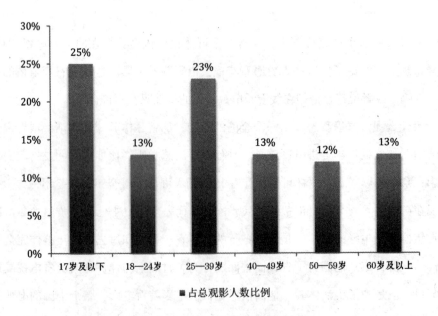

图3-4　2014年美国电影观众年龄分布

等。这些电影就完全是为了不同年龄段的观众而拍的。

拿美国人看电影的年龄比例和中国的做比较，你会发现很有意思。25—39岁年龄段的观影人数占总观影人数的比例，美国人只有23%，而中国是多少？70%！中国的比例是美国的三倍。那么18—39岁之间的呢？美国是36%，中国是多少？ 96%！差别太大了！中国和美国的观影群体是完全不一样的。

美国的网购呢？美国的网购人群分布也是非常平均的。美国网购人数总共大概是1.98亿人（而美国人口也不过才3亿而已），15岁以上的网购人群占到15岁以上人口的78%。中国的网购人群有3.8亿，还有大概10亿人是不网购的，而且在网购人群当中，77%是30岁以下的。我们中国就是处在这样一个以青年群体为主导的网购时代，和美国是完全不一样的。

美国人看电视是什么情况呢？瓦格纳国际公司的研究报告显示，美国五大电视网所播电视节目的平均受众年龄是50岁。因此美国黄金时间电视节目基本上是迎合这个年纪的人，比如说橄榄球、线下生活，或者美国海军新闻调查报告、警察世家、旅行购物。这些完全是满足五六十岁的中老年人群体的。这个情况和我们中国是差不多的。但是，除了这方面之外，其他两方面都是差别很大的。网购或者观影的年龄分布，美国是非常平均的，而中国的网购或者观影群体就是以大学生到30岁之间的青年群体为主体。

再请看图3-5，就是因为中国18—30岁的青年群体的这种体验式消费驱动，中国电影票房的增长率非常惊人。以2014年为例，中国的票房收入增长了36%，美国反而下降了6%。按照这个趋势下去，三年后，中国电影市场的票房记录很可能超过美国。但请记住，拉动这些票房记录的基本上都是30岁以下的青年群体，所以以后拍电影要赚钱的话，不能像吴宇森这种大导演一样，按照自己喜欢的理念或风格来拍片子了。如果电影不能迎合30岁以下的青年群体的口味，就肯定卖不好。

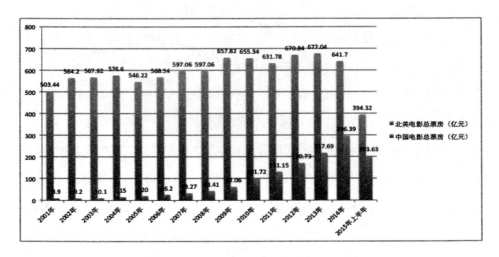

图3-5　中国与北美电影总票房统计（2001—2015）

　　我最近也想拍部电影，名字叫"出国"。为什么有这个想法呢？我们国家孩子的父母，都希望孩子能到美国念书。有的还希望孩子在美国念书之后，能够留在美国，拿个美国绿卡。有很多人甚至因为很讨厌我们的雾霾、食品安全等问题，也希望移民到美国。所以到美国读书，甚至移民美国，已经成为许多青年的"梦想"或人生目标。所以郎教授看到这个趋势之后，准备拍部电影《出国》，就谈这一代青年群体思想的错误。电影要想拍得好，首先你必须考虑到的是电影所针对的观众，这类观众就是30岁以下的青年群体。

三、从万达、三里屯到拉斯维加斯

　　前面我讲过，30岁以下的青年群体喜欢网购。他们在逛街时看到喜欢的产品，然后回家网购。结果怎样呢？由于他们不在百货公司购买，百货公司的销量就下降，倒闭数量就上升。因此这一切的问题，都来自30岁以下青年群体消费行为的改变。

联商网 2014 年主要零售企业关店统计显示，2013 年主要零售企业有 35 家关店，2014 年有 201 家关店，同比增长 474.29%。中国商业地产研究中心的数据显示，2014 年以来，大型百货已明确要关店的数量达到 38 家。其中关店数量最多的百货品牌为：百盛百货、马莎百货，各为 5 家；华堂 4 家；王府井、中都、宝莱、尚泰等百货品牌也有关店。为什么？因为这些百货公司无法满足青年群体体验式的消费。

青年群体希望什么样的消费呢？请看图 3-6。以万达为例，近几年万达的营业额稳定增长，虽然增长速度有所下滑，但是不管怎么样，还算是稳定增长的。在我看来，体验式消费对青年群体也要分成三个阶段。

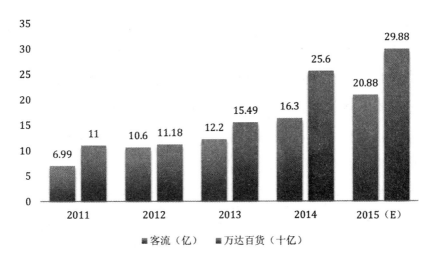

图3-6　万达百货的客流及营业额（2011—2015）

第一个阶段就是以万达百货为主的阶段。也就是说，万达打造一个商业综合体，里面有电影院、游乐场、溜冰场等，然后还有很多物美价廉的餐厅。那么像这种消费形态，就比较符合 30 岁以下青年群体的消费能力。比如说一对情侣去万达电影院看电影，看完电影之后，就在一个小餐馆花几十块钱吃个饭。逛街呢？

他们大多就只逛不买——这也是万达把购物的比例从 60% 调降到 40% 的原因。这些青年不喜欢在百货公司买东西，喜欢看电影，喜欢去品种丰富、价格又便宜的餐馆吃饭。类似万达百货的业态，就是一个初级阶段的体验式消费。

这种初级的体验式消费目前有严重的产能过剩危机。2015 年 11 月 21 日《第一财经日报》的报道显示，2013 年至 2014 年间，像万达百货这样的购物中心总共增加 360 多家，到了 2016 年还要增加 600 多家，数量几乎要增加一倍，给客流量带来了沉重的压力。天津有 20 个购物中心，就连烟台开发区这么小的一个区域也建了十几个商业综合体。这种商业综合体的大量新建，必然造成严重的产能过剩，会对将来的营运造成重大压力。这就是第一个层次的体验式消费。

第二个层次的体验式消费，基本上也是针对这个阶段的青年群体的。我给各位举个例子：三里屯模式。三里屯 SOHO，算是成功的体验式消费：这里酒吧、购物、电影、餐饮、健身、游戏、运动、书店等青年群体喜欢的东西一应俱全。三里屯 SOHO 是北京市青年群体聚集中心，可以说是 24 小时的不夜城，就算到了晚上 12 点，周围还会有塞车的现象。我再给各位举一个例子：成都太古里。成都太古里把寺庙和购物体验结合在一起，寺庙、休闲、餐饮、购物融为一体。这也是符合这个年纪的青年群体的体验式需求的。

其他城市有没有呢？有啊！比如说重庆江北龙湖新壹街，也是这种 24 小时开放的不夜城。深圳龙华星河 COCO City，主打亲子体验。这些项目能不能成功，取决于 18 岁到 30 岁这个年龄段的客户喜不喜欢。这是非常独特的一个情况，与其他国家都是不一样的，可以称为中级体验式消费，也是最为普遍的一种体验式消费。

第三个层次的体验式消费是什么情况呢？比如说，澳门的威尼斯人酒店，里面设有赌场（当然我不是主张参与赌博）。这个和美国的拉斯维加斯是一样的。真正去拉斯维加斯的，不是简单地为了赌博。我们做的一个统计显示，绝大多数是为了附近的游乐设施，因为这里不但可以购物，还可以游玩，大人小孩一起玩，这个是非常好的体验。这种就是非常豪华的、昂贵的一种体验式消费。但这个层次的体验式消费不是给18岁到30岁的青年群体的，而是一种更高层次的体验式消费。

第一层次的体验式消费就是以万达百货为代表的初级的体验式消费；第二层次的是以三里屯模式、太古里模式为代表的中级体验式消费，这个层次的消费是最适合青年群体的；第三层次的体验式消费，不一定适合30岁以下的青年群体，但目前也是一个模式，它以澳门的威尼斯人酒店或者美国拉斯维加斯为代表。

不管怎么讲，中国这种体验式的消费是独一无二的，和美国完全不一样。以美国的梅西百货为例。请看图3-7。像中国的万达百货一样，美国的梅西百货应该是属于初级的体验式消费。但是美国的消费人群又跟我们中国的不一样，美国不是以青年群体为主体。梅西百货客户的年龄分布非常平均，使得梅西百货的销售量的增加比较稳定。如图所示，2009年梅西百货的销售额是235亿美元，逐年增加到2014年时，梅西百货的营业额达到281亿美元。坦白讲，它的销售额的增长是非常平缓的，但这就是美国的消费形态。

图3-7 梅西百货销售额（2009—2014）

　　由电影的火爆，我们得出一个特别有意思的结论：体验式消费在中国萌芽了，而且这种体验式消费是 30 岁以下的青年群体为主导的，他们才是真正的消费主体。他们将带动中国经济走向一个新的思维——体验式消费思维。

▶ **第四章**
可穿戴智能设备在网络经济中大有可为

　　▶ 未来国家之间的竞争，靠的不是以前所说的人口红利。人口红利那都是过去的概念了。我们提出一个全新的概念——大健康。未来我们竞争的是产业工人的生产力、老百姓的健康程度。

　　▶ 大健康产业链的目的不是看病，它的基本理念是预防。

一、Apple Watch出来以后，健康大数据成为可能

2015 年 4 月 10 日，苹果推出 Apple Watch。有的朋友可能认为苹果新推出的是手表，实际上，苹果推出的是健康概念的可穿戴设备。除了苹果之外，我们发现小米、三星、微软、华为等都推出了类似的可穿戴设备，可以说是林林总总、五花八门。一个共同的特征是，这些可穿戴设备根本就不是为了看时间。

手表不用来看时间，那是用来干吗的呢？现在我们很多朋友看时间是在手机上看——手机上的时间说不定更准一点。手表，尤其是一些国外的机械表，不但不准，修起来还特贵。所以，以前用来看时间的那种手表，基本上已经被年轻人淘汰掉了。既然时间可以通过手机来看，还要手表干吗呢？原来 Apple Watch 名字里虽然有"手表"两个字，实际上却不是为了看时间，而是为了看健康！比如它可以测量心率、血压，还可以测量热消耗量、睡眠质量等。我相信未来还可以测血糖、血脂、胆固醇等健康指标，从技术上来说并不难突破。因此，未来以 Apple Watch 为首的可穿戴设备，将引领我们社会进入大健康的时代。一个新的概念出来了！

各位朋友，你会不会觉得非常好奇？这些国际科技巨头，他们投入这么多资金进行研发，开发出 Apple Watch 这类可穿戴设备是为了什么？因为他们隐隐约约看到了一个庞大的产业链，叫做大健康产业链。从此以后，大健康产业会在世界生根。他们不是医疗公司，而是高科技公司，所看重的是未来大健康产业链中的机会。他们已经意识到，大健康产业链将深度影响到每一个人的生活。所以各位朋友，你们千万不要把 Apple Watch 当成一个手表来看待，从此以后，你将进

入一个过去从来没有经历过的大健康产业链时代。每一个人都离不开这个产业链，每一个人都要围绕这个产业链而生活。这是一个全新的时代，全新的生活。

你可能会问我：郎教授，这个重要吗？这个当然重要了。请你思考一个问题，人的健康为什么重要？因为一个不健康的民族，将严重地影响其所在国家的经济发展。为什么这么说？让我以一个家庭为例。如果这个家庭的家长身体健康，他可以赚钱养家。万一他得了严重的疾病怎么办呢？这个家庭的收入支柱立刻崩塌：家庭收入大幅下降，家里其他人的生活都受到影响。家庭如此，国家也是如此。如果一个国家的健康人群大量减少的话，势必影响到这个国家的经济发展。所以，未来国家之间的竞争，靠的不是以前所说的人口红利。人口红利那都是过去的概念了。我们提出一个全新的概念——大健康。未来我们竞争的是产业工人的生产力、老百姓的健康程度。

我们中国人的健康状况如何呢？根据《中国居民 2002 年营养与健康状况调查》报告的数据计算，中国有 1.6 亿人血脂异常，有 2 亿人体重超重。10 多年过去了，随着经济发展和国民生活方式的改变，血脂异常和体重超重的人数可能就更多了。研究结果显示，1974 年，每十万中国人当中有 74 个人得癌症，到 2014 年，这个数字增长到 139 人。也可以说，过去的四十年，癌症发病率提高了一倍，中国人口中癌症患者的比例增加了一倍。还有研究结果显示，未来五到十年，中国要增加五千万张病床，需要投入 1.4 万亿元资金。如果这些人都有健康的体魄，有限的资金就可以少投一点到医疗领域，可以更多地投到高科技研发领域，拉动经济发展。目前，中国的亚健康人群是非常庞大的。如何增强他们的体质呢？从 Apple Watch 发布开始，我们要开始思考这个重大的问题，那就是如何将大健康产业链的概念传播到社会各阶层去，让每一位朋友都知道，大健康产业的时代来临了。什么目的？希望我们的民族健康起来，富强起来，拉动经济发展。这是一个全新的概念，全新的思维。

二、大健康产业链颠覆传统寻医问药模式

什么叫做大健康产业链？ Apple Watch 只是其中一个小小的环节而已。大健康产业链可以分成四大块。第一大块就是移动互联设备。目前我们看到的这些可穿戴设备，就叫移动互联设备，靠硬件赚钱。比如小米的可穿戴设备只卖 100 元，因为它的功能非常单一。苹果的可穿戴设备价格高许多，大概售价超过 2000 元。但不管怎么讲，移动互联设备是大健康产业链的基础，是第一个环节。目前可穿戴设备百分之百是靠卖硬件赚钱，科技巨头就靠兜售健康的概念，通过销售可穿戴设备来赚钱，还没实现从其他方面赚钱。

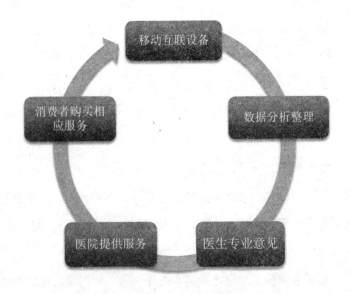

图4-1　大健康产业链

第二个环节是数据分析整理。这就是非常关键的一步了。目前有没有进展到这一步呢？不但有，而且是一日千里。各位有没有听说过"春雨医生"？"春雨医生"是一个移动医患交流平台，提供真实公立医院医生的在线医疗健康咨询服

务。如果你注册成为"春雨医生"的用户，就可以不受限制地向专业的医生咨询医疗方面的问题。医生在这个平台上提供了专家服务。谁来付费呢？由"春雨医生"补贴给医生。现在是风投在烧钱，从 2010 年到 2014 年都在烧钱。为什么？因为还没有盈利模式！虽然春雨医生宣称他们已经拥有全世界最大的疾病数据库。但是不管怎么讲，它仍然没有盈利模式。

大家请看下面一个柱状图，"春雨医生"近几年已经开始受到关注。2011年下载次数 10 万次，2012 年下载次数 140 万次，2013 年下载次数 620 万次，2014 年下载次数 2440 万次。当然，与全国的人口总量相比，"春雨医生"软件的使用量还是很小。但是不管怎么讲，"春雨医生"的成长已经非常惊人了，很可惜仍然没有盈利模式。

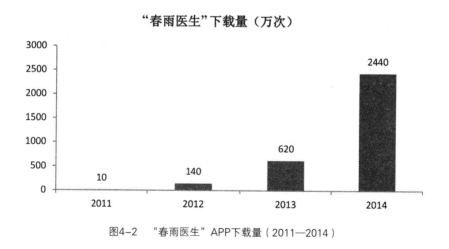

图4-2　"春雨医生"APP下载量（2011—2014）

第三个环节是专业医生意见。从 2015 年开始，"春雨医生"推出了私人医生服务。2015 年 3 月 18 日，百度推出了"问医生"服务。共有 25 家三甲医院的医生，包括北京大学肿瘤医院、北京大学第一附属医院、上海市同济医院等，加入"问医生"网上医疗咨询服务平台。它其实就是把医生从医院搬到了网络上，医生可以在网上向用户提供专业的服务。这一环节也是成熟的。

比如小孩经常拉肚子，如果去医院检查的话，可能需要排几个小时的队，最后医生诊断小孩的肠胃不好，可以吃点有助消化的药。整个过程费时又麻烦。有一位记者朋友就曾跟我讲过他的小孩拉肚子，他是通过"春雨医生"进行咨询的。平台上的医生说吃点白粥就好，结果真的是吃点白粥就好了。类似这种问题是可以不用去医院的，直接通过网络平台进行咨询。而且，通过口口相传或者网络平台的声誉评价体系，高水平的医生会受到越来越多的关注和信赖，更多的人会去找这位医生咨询问题，这位医生的收入因而就增加了。这是好现象。

但这一过程也还是存在问题。开个吃白粥的方子，当然是不需要去医院排队的，可如果人们摔骨折了怎么办？需要开刀做手术怎么办？需要用处方药呢？还是得去医院。所以在目前的情形下，对于不需要吃药或者只需要开非处方药的小病，医生的专业意见可以得到回报。如果病情比较复杂，甚至比较严重，需要开处方药、进行核磁共振检查或者手术治疗，这些工作就无法通过网络完成，医生的专业意见也得不到套现的机会。也就是说，第三个环节仍然没有盈利模式。

真正的问题出在第四个环节——医院提供服务的环节。以目前医院的运营模式来看，医院能够跟前三个环节挂钩吗？答案是否定的。举个例子，假如第三个环节的专业医生建议用户去三甲医院做个核磁共振检查，可当你真的到了三甲医院要求进行核磁共振检查时，三甲医院会按照你的要求做核磁共振检查吗？不可能的！很可能出现的情形是，医院的医生为了免责，一定要给你全方位地再重新检查一次。这不是浪费你的时间吗？如果要重新检查，又何必去咨询第三个环节的专业医生呢？这就是最大问题。一切问题的根源就在第四个环节上。第四个环节跟前三个环节是不挂钩的，使得产业链中的四个环节，只有第一个环节有盈利模式（就是通过销售硬件设备赚钱），第二个环节、第三个环节没有。这就是大健康产业链难以推动的原因。因此，我们也感觉不到这个产业链的存在。

但从2015年开始，事情有所突破。微信医疗服务功能开始启动了，比如广州市妇幼保健院、合肥市口腔医院、上海市儿童医院、解放军第四五四医院，还有山东大学第一附属医院，都提供了微信医疗服务。什么意思呢？从咨询、挂号、候诊、查询看病结果、取药、支付，全部可以使用微信来完成。这有什么好处？这意味着患者的治疗信息可以电子化，这是非常重要的一步。患者病情、症状等资料都可以通过微信储存起来，成为患者在微信平台上的病历，从而建立电子病历档案。以上海市儿童医院为例，他们推出了微信服务之后，看病时间少了1.23个小时，满意度达到90.23%。所以，医院微信服务一定是大势所趋。

通过微信服务可以建立电子病历。电子病历一旦建好，再加上社保号码或身份证号码，就可以跟医保挂钩。而且，只要患者允许，还可以授权第三个环节的专业医生直接进入该系统，查阅病人的电子病例。如此一来，第四个环节将向前移，可以与第三个环节挂钩，患者就不需要去医院了。患者可以用电子病历去咨询专业医生，我相信绝大多数情况是不需要去医院的，比如感冒、胃不舒服，在第三个环节就能解决，专业医生会告诉患者去买什么药的。

这样导致的另一个结果是：售药市场有竞争了。这时候，不一定非得去医院的药房买药，我相信很多网站会开始售药。网上售药一定是充分竞争、质优价廉，而且不用去医院排队。说不定专业医生只会建议10%的人去医院看病，比如那些真的需要动手术或是有重病的。如果只有10%的病人去医院看病的话，医院的拥挤程度肯定会大为缓解，老百姓看病就不需要再排那么长的队了。

去医院看病时，患者所有诊断的信息也都来源于第三个环节，第四环节可以直接跟上，然后去做下一步的处理。而第三个环节的专业医生意见，以及第二个环节的数据分析怎么得到回报呢？那就是在第四个环节看病者付费之后，由第四个环节拿出一个合理的比例，分成给第三个环节跟第二个环节。如此一来，大健康产业链的盈利模式就出来了。所以，微信服务推出之后，包含四大环节的大健康产业链全部串在一起，患者看病的费用大幅下降，看病的时间也大幅减少，去医院看病也不再拥挤，一个美好的时代即将来临。这是多么好的一个消息啊！可是各位朋友请注意：大健康产业链的目的不是看病，大健康产业链的基本理念是预防！

三、只有建立大健康产业链，才能防患于未然

世界卫生组织的研究结果显示，三分之一的癌症，是可以预防的；三分之一的癌症，通过早期治疗，是可以控制的；三分之一的癌症，通过信息的沟通，能够提高治疗的效果。另外，根据《美国健康管理计划对我国社区卫生服务的启示》中的数据，美国 70% 的医疗支出，与那些可预防的疾病有关，而这些疾病都是 10% 的人得的。美国密歇根大学所做的一项调研结果显示，有了健康管理之后，90% 经过健康管理的病人，他的医疗支出会下降 90%；而没有健康管理的人群，他的医疗支出会很高。所以健康管理非常重要。只有好的健康管理，才能够真正提升一个民族的平均健康水平，进而推动经济发展。

过去有没有其他国家做过健康管理呢？当然是有的，但每一个国家采用不同的方法来做。我挑选了几个国家，我们来看看这些国家是怎么做健康管理的。从 2011 年开始，丹麦成为首个征收"肥胖税"的国家。根据政策，消费者如果购买饱和脂肪含量超过 2.3% 的食品，必须按照每公斤饱和脂肪 16 丹麦克朗（约合 18.4 人民币）的比例缴纳"肥胖税"，这是丹麦干的事。再看日本，日本厚生劳动省规定：从 2008 年起，40 岁到 75 岁男性的腰围不得超过 35.4 英寸，也就是 90 厘米；女性不可超过 33.5 英寸，也就是 85 厘米。如果超过，会被要求减肥；要是三个月之后，仍然未达标，需接受减肥建议；假如再过 6 个月，仍然超重，就要接受减肥教育。根据规定，私人机构须为至少 80% 员工量度腰围，在 2015 年前要令 25% 超重人士减肥。计算机生产商 NEC 表示，若无法达标会被罚款多达 1900 万美元。更有意思的是阿联酋。2013 年，阿联酋迪拜推出"减肥换黄金"活动，减一公斤体重就能得到一克的黄金。

可见，丹麦、日本或者阿联酋政府对老百姓的健康问题都非常重视。为什么？因为现在经济发展的决定因素就是人力资源，没有健康的国民，一定不会有好的经济发展。就像是一个家庭里面，没有一个健康的主要劳动力，家庭的收入就会受到影响一样。可丹麦、日本、阿联酋所做的事情，很多是在做无用功。比如丹麦，"肥胖税"施行没两年就取消了，因为政府发现惩罚性征税并不能改变丹麦人喜欢吃高脂肪含量食品的习惯。

只有我前面讲的大健康产业链，才是一个真正有效的方法。换句话讲，从Apple Watch 推出以后，整个大健康的概念就出来了。请各位注意，大健康的关键是预防，而不是治疗。怎么预防呢？第一个环节叫做移动互联设备。通过更好的可穿戴设备来检查身体的各项指标，什么指标都可以检查。因此，所有的健康信息会进入第二个环节，叫数据分析。数据分析的结果会告诉你，哪些健康指标超标了，提醒你注意健康管理。然后进入第三个环节，医生通过网络平台，结合咨询者个人的健康数据，给出专业的诊断意见，比如需要吃什么药，大部分情况下咨询都就不需要去医院了。如果诊断结果认为你需要去医院的话，再进入第四个环节，去进行医疗检查等。于是，大健康产业链就完整地建立起来了。

通过健康管理，患者的医疗支出成本可以降到最低。为什么？因为不需要等到病发才去看病了。等到病发再去看病，效果又差花钱又多。如果我们能够把大健康概念落实到位的话，尽快推出，我觉得我们大有机会。谁先推出，谁就能够获利。这是一个完全没有开发过的新盈利模式。我觉得从现在开始，企业家不但应该注意这一块，老百姓也要根据大健康概念，重新规划自己的健康管理计划。

▶ **第五章**

互联网经济的下一个风口

▶ 优衣库的成功依靠"低价+质优"，控制成本则是通过规模经济和零库存来实现。ZARA的特点是"时尚+快速+低价"，通过模仿，抄袭做到时尚，通过压缩产业链降低成本 。而优衣库和ZARA都是按照消费者反馈的数据来制订生产和销售方案的，也就是消费者要买什么他们就生产什么。

▶ 对于传统行业，不要迷信互联网，不管做什么产品，把质量做到最好，才是我们应该走的路。

一、优衣库与ZARA颠覆财富旧秩序

你对网络购物未来的前景怎么看？你认为互联网经济还能像现在这样火爆很多年吗？先来看看阿里巴巴的马云是怎么讲的。2016 年 4 月 25 日，马云在 2016 年绿公司年会上对阿里巴巴公司，甚至整个互联网行业，表现出前所未有的担忧。他说："十年内我们未必在，可能三年内就不在了。现在哪一个互联网公司真正能红三年呢？很难。"同样，刘强东也认为："未来五年的风口，不是在互联网，而是在传统行业。"

对国内互联网领袖的这些表态，我想各位一定会感到意外。请看图 5-1，国内网民增速与互联网普及率。图中左侧上边的一条线描绘了网民增速的变化情况。2007 年中国网民增速是 53.3%，到了 2015 年，这一数据降低到 6.10%。而且 2014 和 2015 年连续两年差不多 5% 的增长率，意味着网民增速基本上是到底了。图中左侧下边一条线刻画了互联网普及率的变化情况。2007 年中国的互联网普及率只有 16%，到了 2015 年，中国的互联网普及率已经上升到 50.30%。50.30% 是什么概念？以最成熟的美国为例，美国的互联网普及率是 51%。因此，中国互联网普及率的增长空间已经不大了，整个互联网经济的高速增长期已经到头了。

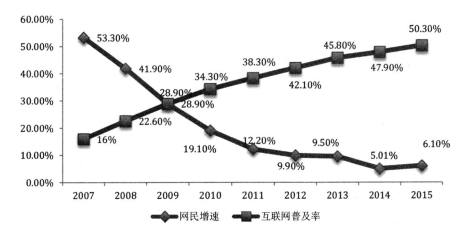

图5-1　中国网民增速与互联网普及率（2007—2015）

　　再来看图 5-2，2012—2015 年 BAT 的营收增幅，也就是国内最著名的互联网公司百度、阿里巴巴和腾讯的营收增幅。由图可见，四年来，百度、阿里巴巴和腾讯的营收增幅都是稳定下降的。当然了，营收增幅虽然稳定下降，但至少都还超过 30%，和其他制造业相比的话，这个营收增幅还是很惊人的。

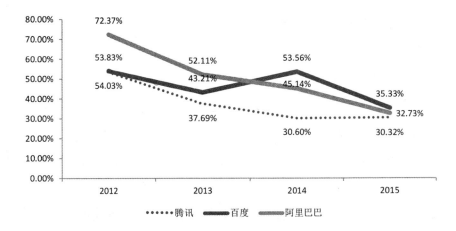

图5-2　百度、阿里巴巴与腾讯的营收增幅（2012—2015）

到底出了什么问题？刘强东在做互联网企业，但他却认为制造业才是中国的未来。这是真的吗？我最近看到一组有趣的数据，似乎印证了马云跟刘强东的话。日本软银集团总裁孙正义持有阿里巴巴 32% 的股权，但是 2015 年他的财富缩水了 58 亿美元。他的首富位置被优衣库董事长柳井正取代。柳井正的财富在 2015 年增加了 33 亿美元。最传统的服装行业的优衣库老板成了日本的新首富。

在这个时候，比尔·盖茨也让出了世界首富的位置，取而代之的又是一个传统行业的人。而且更巧合的是，他也是服装行业里的人——ZARA 的创始人奥特加。这个太有意思了！日本的新首富是服装企业优衣库的老板，世界的新首富是传统服装企业 ZARA 的老板。各位知道这两家服装企业什么特色吗？他们都不是搞互联网的。不是说他们完全不接触互联网，而是说他们基本上不靠互联网做销售，他们靠最传统的实体店做销售，然后成为首富。

为什么 ZARA 和优衣库能够成功呢？要想知道他们怎么成功，我们必须先看看，为什么有些服装企业会失败。

二、互联网销售不是灵丹妙药

我们拿中国的案例来聊一聊。为了使分析结果更加严谨，我把服装行业分成低端、中端与高端，分别看看他们的情况。

先来看低端服装生产商，比如凡客诚品。凡客诚品 2007 年才成立。它没有实体店，完全依靠互联网营销。凡客刚出现的时候，气势汹汹，非常轰动。王珞丹和韩寒等明星都曾做过凡客的代言人，主打青春路线，广告词采用"80 后"的口吻调侃社会，戏谑主流文化，彰显出凡客个性的品牌形象。还有一点就是，凡客衣服的价格也很亲民，衬衫基本上都是在 100 元上下，帆布鞋 59 元，T 恤 27 元，裤子 79 元。凭借明星广告效应和低价策略创造出前所未有的轰动，不断刷新自己的销售记录，甚至连凡客特有的广告语句式也被冠以"凡客体"风靡网络。

这一势头一直延续到 2011 年。2011 年 6 月是凡客最辉煌的时候——凡客获得六轮融资，共计 4.22 亿美元。

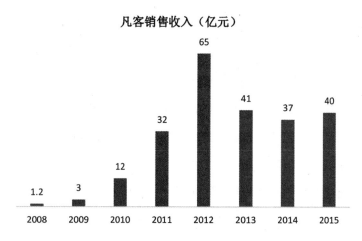

图5-3 凡客销售收入统计（2008—2015）

但从这一年开始，凡客爆发了公司成立以来的最大危机。2011 年凡客亏损 6 亿元；2012 年初，凡客有 14.45 亿元的库存。2012 年凡客用亏钱的方式清库存，销售量大幅增长，但我们估计它的净亏损高达 10 亿元。到了 2013 年，凡客已是难以为继，开始大规模裁员，员工数从 1.4 万人裁减到不足 300 人。

短短数年时间，凡客从风光无限到走下神坛。凡客到底出了什么问题？很简单，根本问题就出在产品质量上。比如，黑色的 T 恤洗了之后，会有黑色的浮毛，时间长了就会掉色变红；白色的衣服稍微久了就发黄；帆布鞋质量更差，可以说是粗制滥造，非常磨脚。凡客的 CEO 陈年穿自己公司生产的帆布鞋跑步，跑到脚上有三处被磨出血。他后来反思道："我曾经生产出的服装都是垃圾。"但是直到今天，凡客诚品的衣服质量似乎也好不到哪里去。

其实，凡客的质量问题已经被通报过很多次了。2015 年，北京市工商局网站通报了一批不合格的成人服装。在质量抽检不合格的 48 款服装当中，凡客生产的服装占 4 款，包括内衣套装、超轻暖连帽羽绒服、超轻盈连帽羽绒服、3D 超轻三层贴合冲锋衣。不合格的指标包括透气率、透湿和升温率等。2015 年，国家质检总局抽查 10 家电子商务平台企业，凡客的鞋子、服装均有产品被查出不合格。低端的服装企业，采用"低质低价 + 互联网销售"的策略是没有用的。各位朋友请注意：千万不要把互联网当成万灵丹。以凡客为例，纯粹以互联网做销售的企业，不但会江河日下，最后甚至可能完全消失。

再来看中端的服装生产企业。请看图 5-4，美特斯邦威、佐丹奴和七匹狼的营收增幅。七匹狼与美特斯邦威 2013 年的营收以 20% 的速度下滑，2014 年营收的下滑也在 10% 以上。美特斯邦威在 2012 年也搞了个电商平台，叫做邦购网，最后由于销售业绩不佳而被剥离。佐丹奴和七匹狼也做电商销售平台，结果同样是不理想。中端服饰品牌营收下降是有深层次原因的，不解决深层次问题，引入电商销售也是无济于事的。

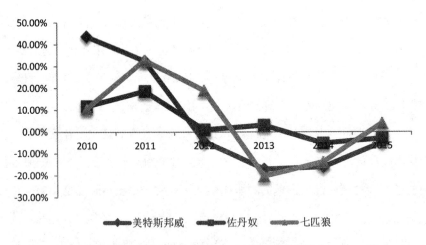

图5-4　本土服装企业美特斯邦威、佐丹奴、七匹狼营收增幅（2010—2015）

最后谈谈高端服饰。高端品牌的服饰是不涉及互联网销售的。但就算是完全不涉及互联网销售，很多品牌的销售还是不行。贝恩咨询发表的研究报告显示（见

图 5-5）中国奢侈品市场的增速在 2011 年达到顶峰达 30%，2012 年之后大幅下降，2012 年的增幅是 7%，2013 年增长 2%，2014 年以后都是负增长。

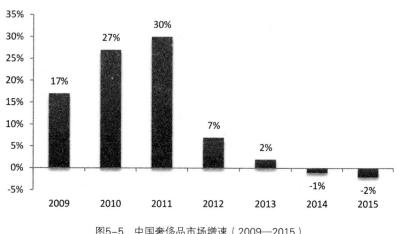

图5-5　中国奢侈品市场增速（2009—2015）

挑两个奢侈品企业作为案例：PRADA（普拉达）与 LV（路易威登）。请看图 5-6，PRADA 与 LV 在亚太地区的销售额增幅。图中左端下边的一条线代表 LV 的销售额，左端上边一条线代表 PRADA 的销售额。PRADA 在 2010 年的销售额同比增长了 60% 以上，LV 在同一年的销售额增幅也有 30%。可是从这一年开始，两家公司的销售额增幅逐年下滑。到了 2014 年和 2015 年，LV 勉强能维持零增长，PRADA 连续的销售额两年都是 5% 左右的负增长。换句话讲，这些不靠互联网销售的奢侈品行业，也遭遇到前所未有的严冬。

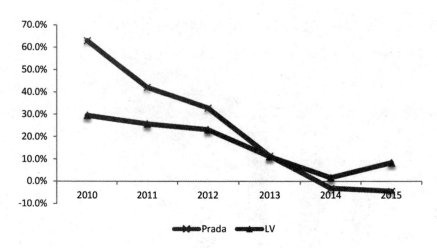

图5-6　PRADA与LV亚太地区销售额增幅（2010—2015）

　　各位请注意，由凡客、美特斯邦威、七匹狼与佐丹奴，或者奢侈品 PRADA 和 LV 来看，互联网与销售额的变化没有必然的联系。也就是说，今天我们要打破一个迷思，"互联网 +"只是在中国经济下行压力极大的情况之下的一个特殊产物，它也不是成功的万灵丹。那么什么才是成功的万灵丹呢？

三、互联网新价值洼地在制造业

　　2015 年 9 月 8 日，马云在国际贸易投资论坛上说："如果说过去 20 年属于互联网企业，未来 30 年则属于传统企业。传统企业会因为互联网而发生裂变、重构，带来创新。消费数据会决定工厂生产什么，而不是工厂决定生产什么。"

　　马云此番话是什么意思？什么叫做裂变创新？什么叫消费者诉求决定工厂的产品，而不是工厂决定生产什么？日本首富跟世界首富也许能说明这个问题。下面我就以优衣库和 ZARA 为例来做分析解读。

　　先讲优衣库。优衣库是怎么成功的？优衣库裂变、创新的根源是什么？郎教授的结论是：根源是"低价 + 质优"。这就打破了传统的"便宜没好货、好货不便宜"的商业模式。优衣库的价格定位跟凡客差不多，有些产品可能稍微高一点，但总体差不多。比如，T恤衫都卖100元以内，裤子从99元到299元不等，冬天的羽绒服凡客卖399元，优衣库也不过卖400元。但是在质量上，优衣库的品质直追高端品牌。它是怎么做到"质优"的？

第一，严格控制次品率。按世界平均标准来说，服装行业的商品次品率应该一般是2%—3%，而优衣库的次品率只有0.3%。它对自己产品定的质量标准非常高，比如一件T恤表面如果线头超过0.5毫米，这件T恤就会被算作次品。

第二，注重面料研发。董事长柳井正把优衣库定性为"技术公司"，不断开发新的面料，比如摇粒绒、AIRism、HEATTECH、轻羽绒等，都是优衣库自主开发出来的。以HEATTECH为例，它有保暖、形态稳定、吸水、消臭、速干、透气、防静电等11项专利。优衣库把面料当成高科技来研发，这对传统服装企业来说是不可想象的。优良的面料同时也对降低次品率起到重要的作用。

第三，生产技术监督。优衣库会从总公司派出技术专员到世界各地的代工厂进行技术指导，保证工厂生产出来的产品达到优衣库的要求。优衣库的质量要求也非常严格，只要某个代工厂出一次不合格就不再与那个代工厂合作，因此代工厂也非常谨慎认真。

关于低价，朋友们可能要问郎教授：那么优衣库如何怎么做到低价还盈利呢？在正常情况下，高品质的产品价格贵，低品质产品价格便宜。典型的案例就是PRADA、LV与凡客。

郎教授总结了两点：

第一，规模优势。优衣库的基本款是非常简单的，颜色以黑、白、灰为主，款式控制在1000款左右，而爆款的衣服销售量惊人。以HEATTECH为例，2011年HEATTECH这种面料的衣服就卖出了1亿件。一个款式生产1亿件，成本肯定是大幅下降的。所以，优衣库的营商模式很有趣：面料好，但是不做很多款，总共有1000个款式左右。

第二，及时调整价格，确保零库存。优衣库直营店的店长看到某一款衣服销售不畅的时候，可以向总部要求申请变更价格，一般早上申请，当天下午就能得到反馈，第二天就以变更后的价格售卖该款衣服。所以，优衣库通过实时监控、消费数据分析来制定生产量，调整营销方案，使得产品的销售非常快速，基本上可以做到零库存。这也就是马云所讲的，"消费者数据会决定工厂生产什么，而不是工厂决定生产什么。"而实现零库存不仅可以省下大量的仓储费用，还能使资金快速周转。

这就是优衣库成功的秘密。

我们再来看 ZARA。ZARA 的策略是"时尚 + 快速 + 低价"，它的市场定位就是"买得起的快速时尚"。如何做到"时尚"？那就是紧跟时装潮流。ZARA 的设计师大多没什么名气，一般都是年轻人。他们是典型的"空中飞人"。他们经常坐飞机穿梭于各种时装发布会之间，并且紧盯时装杂志，一旦发现好的样式，马上加以模仿。通常，一些最新时装出来没多久，ZARA 就会发布与之非常相似的款式。这样的设计费用是非常便宜的，同时又做到了时尚。

接下来谈谈 ZARA 的"快速"。ZARA 的最新款式从设计到进店销售只需要两周，而业内的平均时间是 4—6 个月。ZARA 是如何做到的呢？

我们做的调研发现，ZARA 有"三板斧"。

第一板斧，订单处理快，七天搞定。设计师做好服装设计后，将资料传给西班牙总公司，各地的门店把订货信息也发送到西班牙总公司，这两个信息汇总到西班牙总公司大概只需要七天时间。

第二板斧，制造快，只需要五天。ZARA 用 20 间大工厂专门负责做染色、裁剪，速度很快，因为可以靠批量处理达到规模经济。另外，ZARA 在西班牙有一个方圆 200 英里（约 320 公里）的生产基地，集中了 500 家小工厂，其中很多还是家庭作坊。ZARA 就把人力密集型的工作（例如缝制）外包给他们。这500 个小工厂之间货品怎么来往呢？ZARA 整个服装生产基地的地下被挖空了。

ZARA 使用地下传送带网络，每天根据新订单，把最时兴的布料准时送达这些小工厂。因此，ZARA 用于服装制造的时间只需要五天。

第三板斧，仓储运输快。ZARA 在法国、德国、意大利、西班牙等欧盟国家以卡车运送，平均两天内直接到连锁店。到中国、美国等较远国家和地区，则用空运。有的朋友可能要问："飞机不是很贵吗？为什么不用轮船？海运比较便宜。"但这不是便宜的问题，是快慢的问题。为什么？速度非常重要！所以使用飞机运输，两天以内运到。

第一板斧订单处理用七天时间，第二板斧生产制造用五天时间，第三板斧物流运输用两天时间，加在一起总共是十四天，两周时间完成全部过程。也就是说，从产品设计到商品上架只需两周时间。

这么多款式，时间上又节省了这么多，成本应该很高才对，怎么还能做到"低价"呢？这就是 ZARA 与众不同之处了。当然，ZARA 的价格会比优衣库平均高出 30%。但是你要记住，ZARA 的店都是在最名贵的地区。以上海为例，ZARA 的店设在南京西路、淮海路等地，都是非常豪华的装修，感觉非常高档，但是售价却很亲民。

首先，在款式上，ZARA 用的都是年轻的设计师，而且都是通过模仿最新时装款式，跟着潮流走，所以这个费用是很低的。当然，ZARA 也会因为涉嫌抄袭而经常被告，也经常被罚钱，但 ZARA 也是按时交钱。这种方式给 ZARA 带来的收益远大于罚款。

其次，在成本上，ZARA 通过上面讲的"三板斧"将产业链环节，包括订单处理、原料采购、仓储运输、批发零售制造等，全部压缩。我们做个对比：广东地区的服装行业从设计到上架一般需要 180 天，而 ZARA 只需 14 天，这样就省下了 166 天的仓储成本。而且，因为这么快，ZARA 的存活周转率比其他品牌高三到四倍，平均每季只有 15% 的衣服需要打折出售，其他品牌平均为 50%。这样极力压缩时间的结果自然是成本下降。

那么 ZARA 和优衣库使用互联网销售吗？

坦白说，用得比较少。以优衣库为例，它不是通过天猫销售，而是通过天猫定位消费者，获取消费者的经济实力、消费习惯和偏好等信息，以此为基础来决定生产什么样的服装，在哪里开一个新店等。而 ZARA 网上销售额占比不到它总销售的 10%。

另外，ZARA 和优衣库都是根据消费者的需求来生产的。以 ZARA 为例，每一家店都有 POS 机，消费数据能随时反馈，所有的销售记录迅速传达西班牙总公司，总公司随时知道哪些款式的衣服好卖，然后根据市场的反馈信息制定下一步的生产计划和销售方案。这一点，ZARA 和优衣库是一模一样的。这就是他们成功的原因之一。

优衣库的成功是依靠"低价 + 质优"，控制成本则是通过规模经济和零库存来实现。ZARA 的特点是"时尚 + 快速 + 低价"，通过模仿、抄袭做到时尚，通过压缩产业链降低成本。而优衣库和 ZARA 都是按照消费者反馈的数据来制订生产和销售方案的，也就是说消费者要买什么他们就生产什么。

各位请看，优衣库与 ZARA 的创新裂变以及根据消费者需求来安排生产，不就是马云谈的未来吗？这个未来会给我们制造业的企业家提供了一个全新的战略思维。

四、韩都衣舍学到了ZARA精髓

中国国内一些互联网服装品牌通过学习 ZARA 的模式获得了成功，例如韩都衣舍。韩都衣舍采用的是小组制。简单来说，就是将产品设计、导购页面制作和产品管理的全过程交给 3 人小组，由他们自主经营，自负盈亏。生产则交给韩都衣舍固定的服装工厂。目前韩都衣舍共有 267 个这样的小组。每个小组也像 ZARA 的设计师一样，每天盯着韩国的时尚杂志、服装网站、时装秀乃至电视剧，只要有新的服装款式出现，他们就以最快的速度模仿设计，然后下单生产。跟 ZARA 不同的地方是，韩都衣舍只抄袭韩国的时尚设计风格。

三人小组的效率非常高，从产品设计到上架只需要 10 天左右，比 ZARA 还要快。韩都衣舍总共有多少服装款式？女装大约 20000 款，男装约 10000 款，加在一起 30000 款左右，而 ZARA 也才 18000 款左右。如图 5-7 所示，短短 8 年时间，韩都衣舍销售额从 300 万元增长到超过 20 亿元，涨幅惊人。

韩都衣舍销售额（亿元）

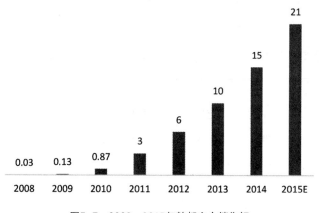

图5-7　2008—2015年韩都衣舍销售额

因此，对于传统行业，不要迷信互联网，不管做什么产品，把质量做到最好，才是我们应该走的路。以老干妈为例，八块钱一瓶的辣椒酱，每天能卖出 130 万瓶，15 年间产值增长了 74 倍，年年是贵州的纳税大户。这家公司很有意思，没有产品设计，也不打广告，没有任何的营商模式。经销商要买老干妈辣椒酱只能带着现金来买，而且都是以车为单位来买，少了还不卖，就坐在家门口等着收钱。既不上市也不贷款，没有融资。实际上它是一种传统、古老的贵族企业，而且永远是贵族，当地最大的纳税大户。这个才是我心目中的中国企业。八块钱的辣椒酱，为什么能卖那么好？为什么大家都去买它的辣椒酱？有两个原因。

第一，原料质量好。老干妈辣椒酱原料，辣椒全部必须剪蒂，而是一只一只地剪，保证没有杂质。而且，为了保证辣椒酱的品质，老干妈与原料主产地遵义联合建立绿色产品原材料基地和无公害干辣椒基地，自己生产辣椒，品质就更有保证了。

第二，产品口感好，味道高度稳定。以老干妈风味豆豉辣椒酱为例，它的豆豉发酵恰到好处，刚好能平衡香味和辣味，为消费者接受和喜爱。在任何时间、任何不同的商店买到的老干妈辣椒酱，味道都是一模一样的。请注意，能做到发酵之后产品的品质是一样的，就不仅仅靠的是发酵技术，还要有严格的流程管理。我特别看重这一步。我曾经讲过华为的案例。华为就是流程管理做到极致的企业，保证了产品品质是稳定的。老干妈能做到这一点，也跟它的流程管理有关，只有最严格的流程管理才可能生产出品质稳定的产品。

目前，"老干妈"品牌产品遍布全球 30 多个国家和地区。一瓶 280 克的老干妈辣酱，中国京东商城卖人民币 8.6 元，在美国亚马逊网站卖 8.8 美元（折合人民币 61 元），被海外当成"来自中国的调味奢侈品"。

第二篇

互联网经济风起云涌

第六章

疯狂的网购与电商大战障眼法

▶ 在经济增速放缓，制造业不景气的情况下，老百姓肯定希望想花更少的钱买东西，但又不想牺牲品质，哪里最适合他们呢？当然是网购了。

▶ 这种虚假的价格战本身虽然赚足了眼球、做足了广告，但是我坦白讲，消费者是非常失望的。

一、中国网购的花儿别样红

2016 年 11 月 11 日，由中国最大的电商阿里巴巴首创的双十一购物狂欢节第八次火爆上演。凌晨，阿里巴巴陆续公布了 2016 双十一购物狂欢节的一系列数据：开场 52 秒，交易额冲到了 10 亿元；开场 6 分钟 58 秒，交易额冲到了 100 亿元，而 2015 年破百亿的时间是 12 分 28 秒；两个半小时，2016 天猫双十一购物狂欢节交易额破 500 亿元。截至该日 24 时，天猫双十一全天交易额 1207 亿元，同比增长 32%。而且还创下了 12 万笔 / 秒的支付宝支付峰值。在过去八年的双十一时间里，阿里巴巴以惊人的速度一次又一次刷新着成交额记录，成就了阿里

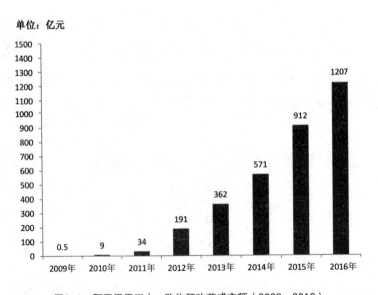

图6-1　阿里巴巴双十一购物狂欢节成交额（2009—2016）

巴巴的电商伟业。与此同时，火爆的网购也为阿里巴巴赢得了国际资本市场的青睐。

　　2014 年 9 月 19 日，阿里巴巴在美国纽约证券交易所上市，IPO 当天阿里巴巴的市值就涨到了 2314 亿美元。在美国本土也有从事类似网购业务的公司，一个是易贝（eBay），一个是亚马逊（Amazon），两者加在一起的市值才不过 2194 亿美元，还不如一个阿里巴巴。阿里巴巴在资本市场一亮相，就轰动了全美国，甚至轰动了全世界，毋庸置疑也给我们中国人确实长了不少脸。

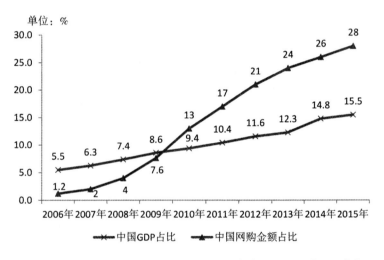

图6-2　中国GDP占全球GDP总量比重与中国网购额占全球网购总额比重趋势图

　　不仅是阿里巴巴，整个电商行业都呈现一派欣欣向荣的景象。我们来看图 6-2，图中有两条线，左端上边一条线是中国 GDP 占世界的比重，另外一条线是中国的网购规模占全球网购市场的比重。大家可以看到，2006 年中国的 GDP 占全世界的比重是 5.38%，网购占比大概是 1.20%，二者相差悬殊。到了 2009 年，情况开始发生变化，我们的 GDP 占全世界的 8.47%，网购规模占比和它很接近，约是 7.63%，两者之间差不多有交集了。从此之后，网购占的比重大幅上涨。

我以 2013 年为例。当年中国的 GDP 占到全世界的 12%，而网购规模占全球网购市场的比重接近 24%。这种事情太让人意外了！其他国家没有这种现象，网购的比重和 GDP 基本是一样的。为什么我们国家网购的比重会是 GDP 的 2 倍呢？就是因为中国经济增速放缓，制造业不景气。在这种情况下，老百姓肯定希望想花更少的钱买东西，但又不想牺牲品质，哪里最适合他们呢？当然是网购了。这就是中国的 GDP 虽然只占全世界的 12%，但是网购占比却能接近 24%，是 GDP 占比的 2 倍，这是相当惊人的。

再请注意：2006 年到 2013 年之间，中国的网购增长率是 84%，而美国同期这一数字是多少呢？14%。这就是阿里巴巴的市值高于易贝与亚马逊市值之和的原因——阿里巴巴增长太快速了。什么叫股票的价格？通俗来讲，股票的价格就是未来增长的空间折算成今天的价格。股票价格能不能涨不仅看你这个公司目前赚不赚钱，更主要的是看未来发展的潜力。既然我们的网购增长率达到惊人的 84%，预示着未来它在中国是非常有发展潜力的，因而它的股价就比较高，超过易贝跟亚马逊的市值之和也不奇怪。

二、电商大战是一场精心策划的营销闹剧

2012 年一个大家关注的话题就是京东商城、苏宁电器与国美电器三家之间的营销大战。这个话题当时是很有争议性的，部分人认为这就是一场闹剧。根据一淘网调查的数据，在京东商城与苏宁电器的促销大战当中，真正降价的产品平均只有 5%。更有意思的是，国美电器宣称，它店里的空调价格要低于网购的价格，但是同样的型号在网上根本找不到。所以你说这个价格具有可比性吗？京东商城的 CEO 刘强东在微博表示，京东大家电三年内零毛利！京东所有大家电保证比国美、苏宁连锁店便宜至少 10% 以上。苏宁电器副总裁也回应说："苏宁易购包括家电在内的所有产品价格必然低于京东，任何网友发现苏宁易购价格高于京东，

我们都会即时调价，并给予给已经购买反馈者两倍差价赔付。"

这听起来很好听，可是各位朋友你知道吗？这些企业，包括苏宁电器、京东商城，都聪明得很，他们后面的生产厂商也都不是傻子。生产厂商是怎么做的呢？生产厂商就把产品略微做了一点差异化。比如说卖同一款笔记本电脑，厂商给京东商城的供货可能是带蓝牙功能的，给苏宁电器的供货可能是不带蓝牙功能的，而给国美电器的供货则可能是带读卡机功能的，给另外销售渠道的店面供货，可能就是有不同的服务器的。这样，每款产品的报价就差个几十块钱。那么请问：这算不算同一个类型的产品呢？

我再举个例子。清华同方有个产品叫精锐，我们查了一下，在北京卖给大中电器马甸店的叫做精锐 V41H，卖给苏宁电器的网购平台——苏宁易购的产品叫做精锐 V4107。它是不同的号，是 V4107，不是 V41H 了。你说它们到底算不算同一个产品呢？所以最后，消费者会发现，真正同型号同样的产品占比很少，其余产品基本上都是不可类比的。这就造成，京东商城、苏宁电器、国美电器等商家通过虚假的价格大战，最后赚足了眼球。没有花广告费，但是却达到了数倍、数十倍、数百倍的广告效果。这种虚假的价格战本身虽然赚足了眼球、做足了广告，但是我坦白讲，消费者是非常失望的。

第七章

如火如荼的O2O创业如何收场?

▶ "互联网+"是个好东西，但是请你注意，互联网只是个工具，它只能传播价值，真正能够创造价值的是实体经济本身。

▶ 怎么创造？简单地讲，降低成本或者提高效率，互联网可以帮你做到，但你一定要有互补，才能可能创造价值。如果不是互补式O2O的话，将来你会遇到重大麻烦。

一、O2O泡沫离破灭不远了

O2O各位听过没有？在2014年之前，这是个极陌生的名词，现在火得不得了。为什么？2014年发生了滴滴打车与快的打车之间的补贴大战，在这之后O2O就成为一个时髦的名词。我们先做个科普。什么叫做O2O？O2O就是on-line跟off-line的结合，也叫做线上/线下模式。这么一种交易方式就叫做O2O。

各位知道O2O现在发展到一个什么样畸形的状态吗？几乎你认识的所有年轻企业家，包括大学毕业生都想搞O2O！这已经成为一个时尚。大家疯了一样在搞O2O，你觉得可能吗？我给各位描绘一个情景——这个情景是一个非常美丽的情景，那就是O2O的未来：早上你起床之后，通过所谓的"e家帮"APP约来保姆或者家政服务人员帮你搞搞清洁、做做早餐；你想出门上班了，就用滴滴、优步（Uber）之类的APP叫一辆车；中午你在公司想叫个外卖，你可以通过"百度外卖"或者"饿了么"的APP来叫份外卖；下午下班前记得打个电话约一下，叫"本来便利"给你送来新鲜的蔬菜、水果；如果不想自己动手，就上网找"爱大厨"约个厨师上门帮你做饭；晚上没事干，你可以找"格瓦拉"或者"百度糯米"买个电影票，看看最近热映的新电影怎么样。平时生活还不只是这些。衣服、被褥要送洗的话，找"e袋洗"上门来收；家具电器维修保养有"e维修"；要洗车了有"e洗车"；要美容美甲了，有"河狸家"；想按摩拿脚也有"熊猫拿拿"。

作为一个生活在现代社会的人，如果你没见过O2O的话，那代表你已经落伍了。O2O现在无处不在、遍地开花。你们觉得这是个泡沫？就像炒股票一样，如果什么人都炒股票的话，泡沫就要爆破了。同理可推，如果什么人都在搞 O2O 的话，O2O 的泡沫崩溃也为时不远了。

二、互补型O2O是唯一有生存价值的

O2O 可以分成三大类。第一类的典型例子是阿里巴巴和苏宁之间的战略合作，叫做互补型的 O2O。这个是有生存价值的。各位都知道，阿里巴巴有 3.4 万个用户纯粹做网商，而苏宁在全国 2800 多个县（区）当中，他们的门店遍布了其中的 2500 个县（区）——这种普及率是不得了的。并且苏宁还有 4 个航空枢纽，12 个自动化分拣中心，660 个城市配送中心。

可是和京东相比，不论是阿里巴巴，还是苏宁易购，他们在物流成本跟时间效率方面都要逊色于京东。原因是什么？原因就是阿里巴巴没有自己的物流系统，它必须借助第三方物流，这样就无法直接掌控物流的全过程，所以成本一定高，时间一定慢。苏宁有自己的物流系统，但是用量不足——它的用量大概相当于京东的八分之一到十分之一左右。用量不足则无法达到规模经济，成本当然高，速度当然慢。那么阿里巴巴和苏宁合并之后，有什么好处呢？举个例子，阿里巴巴只要把它 3.4 亿个用户挪出一小部分来给苏宁的话，苏宁的物流量马上可以达到规模经济，它的成本立刻下降，速度立刻提升。

与此同时，阿里巴巴也可以直接利用苏宁这个提升效率、降低成本的系统，获得收益，进而达到合作双赢的效果。你发现，阿里巴巴与苏宁两家之间的战略合作是互补的。什么意思呢？成本大幅下降，速度大幅提升，也可以说是效率大幅提升。这有什么意义呢？这就是我想告诉读者朋友的，你千万不要对互联网有幻想，互联网或者"互联网＋"本身只是个工具，它只能传递价值，不能够创造价值。而阿里巴巴跟苏宁的结合是通过互联网将两者的效率提升、成本降低，这个才有价值。这就是他们的股价会涨的原因。

除此之外，我再给各位举个例子。我曾在长沙参加一个鞋商大会，他们也是O2O，也叫做互补型的O2O。他们开一个线上下单、线下体验的店。他们搞一个小型的体验店成本很低，然后客户进入这个店之后，可以有全世界各种款式的皮鞋和皮料让你选择。最后这个体验店给你量三维的脚码，量好之后，根据你所选定的样式，选定的皮革，直接通过互联网送到工厂去，帮你做成鞋楦。什么叫做鞋楦？它就是鞋模，只适用你一个人的鞋模。工厂在八个小时之内，可以做出鞋子来，然后快递到你家去。

这个成本非常低，效率非常高，速度非常快，和阿里巴巴跟苏宁的结合是一样的。什么意思？这种O2O的结合，第一不需要做广告，第二没有产品设计，第三不需要仓库，第四没有物流。这四个环节你知道省下多少钱吗？可以省下60%—80%的成本。在以前，如果你私人定制一双皮鞋的话，可能需要五千块以上，但是通过这种方式只要500块，成本下降九成。速度过去是20天做一双鞋，现在是一天，速度提高近20倍。这类O2O，即互补式O2O，在实体店、实体经济创造价值之后，通过互联网来传播价值。这才是真正能够创造价值的，是我们所赞成的，也是郎教授所鼓励的。

三、烧自己的钱下注O2O的百度

接着谈第二个类型的O2O，它是不创造价值的。它既降不了成本，又无法提升速度，纯粹是炒作概念，但是烧自己的钱。我们以百度为例。百度搞了多少O2O的平台呢？它搞了百度糯米、百度外卖、优步、51用车、天天用车、客如运、百姓网、一袋洗等一大批O2O的公司。

那么当时百度是怎么想的呢？2015年1月18日，在极客公园创新大会上，百度CEO李彦宏接受采访，讲了这两年技术储备的问题。他是这么说的："我们过去这两年解决了大量技术问题，主要包括连接人和服务。这些技术创新使得用户越来越在移动时代依赖百度，在百度上获得他们想要的东西。"然后他又说了一句话非常重要，表明他的一种决心："我愿意砸钱，我愿意投入，我不在乎华尔街怎么看，我不在乎我的股价会再跌到一半或者更多，我一定要把这个事情做成。"

美国企业家绝对是不敢这么想的。为什么？你只是替上市公司的投资人、你的股东管理好企业，你是个职业经理人，你的责任义务就是帮他们创造价值，希望股价能够上涨。这是美国职业经理人一个重要的责任。

到了 2015 年 6 月 30 日，李彦宏表示，百度账上还有 500 多亿现金，先拿 200 亿来把百度糯米做好。什么结果呢？股价从当时 200 多美元，跌到 2015 年 9 月底的 140 美元，总共跌去了 200 多亿美元的市值。

股价下跌，表示投资人对百度管理层的投资行为投了反对票。百度应该有所收敛，提出些投资人喜欢的项目吧？然而它并没有。根据彭博社 2015 年 9 月 15 号的报道，百度 CEO 李彦宏日前表示，如果美国投资者仍然不认同百度的价值观，不排除有一天从美国退市的可能性。他原话是这么讲的："如果有一天，我发现美国市场已经完全失去了认同我们价值观的希望，而国内市场又真正了解我们的业务，我可能会这样做（注：他的意思是会在美国退市）。但首先我们必须要有耐心，也要给我们的美国投资者一些时间。我希望他们将来可以更加认同我们的价值观。"

美国投资人为什么对百度投资 O2O 有这么负面的评价呢？因为美国人经历过 O2O 泡沫，美国人已经了解这只是个泡沫而已。我们举个例子。第一个 O2O 谁创造的？是一个叫 Alex Rampell 的人。他在 2010 年 8 月首先提出 O2O 概念。他搞了一个商品的试用网站平台叫做 Trial Pay，总共烧掉了风险投资人 5600 万美元，最后干不下去了，在 2015 年 2 月 28 日卖给了美国的 VISA。这个事件给美国投资人非常大的震撼：创始人都干不下去了，别人还有机会吗？

第二个案例是美国家政 O2O "鼻祖" Homejoy。Homejoy 创立于 2012 年，2013 年拿到了 170 万美元的天使投资，接着在年底又获得 A 轮、B 轮融资 380

万美元。但没有撑到 C 轮融资，Homejoy 就破产了。为什么？ Homejoy 不是前面所讲的第一种类型的 O2O，不是互补型的 O2O，没办法降低成本，没办法提高效率。什么意思呢？这个网站是家政网站的鼻祖，它提供什么服务呢？提供家政服务：一打电话家政服务就来了。这里面所谓的家政从业者是什么样的人呢？都是年纪轻、经验不够，或者是曾经在市场上做得不好的人。你要将这一批人提供给客户当家政服务人员的话，首先要经过一个培训，而培训是要钱的。

怎么把这个成本收回来呢？每一个家政服务人员派出去之后，他的服务价格提高 25%。这是什么意思？ Homejoy 不但没有降低成本，反而给它的客户、用户提高了成本，提高了 25% 的成本。那人家干吗用你呢？你不但不是互补型的 O2O，你还是反互补型的，反而增加了 25% 的成本。这是第一个打击。第二个打击是效率大幅降低。为什么？只要这个客户碰到一个好的家政人员的话，他可以绕过你们这个网站，直接和那个家政人员联系，把你一脚踢开了。你越经营，你的客户越来越少，效率大幅降低。Homejoy 为什么失败？它这种类型的 O2O，成本高，效率低。

因此对美国人而言，O2O 创始人垮了，家政服务中心的鼻祖 Homejoy 也跨了。那他们怎么看李彦宏的百度呢？肯定是负面的。因为你根本就不是郎教授所讲的第一种类型——互补式的类型，不仅没有互补，而且纯粹是烧钱。请注意，在美国人看来，像这种科技公司（如果你把 O2O 算作科技公司的话），如果它只是透过烧钱来营运，没有任何技术突破，那么它的情况不会比传统的实体经济的企业好。美国人就是这种观念。这是第二种类型的 O2O。

四、十万分之一的成功几率

我们再来看第三种类型——烧别人的钱。这也不是一种互补型的 O2O，但是它不像李彦宏一样烧自己的钱，而是专门烧别人的钱。有多少家公司在烧别人的钱呢？2013 年之前还没有 O2O，2014 年突然凭空蹦出来 10 万家。这 10 万家当中，取得 A 轮融资的有 800 家，取得 B 轮融资的有 200 家，取得 C 轮融资的有 82 家，那么真正上市的有几家？真正上市的只有一家。也就是说，成功上市的几率是十万分之一。所以，烧别人钱能够成功上市的机会接近于零。

你真的烧别人钱的话，你怎么做呢？通常叫做烧钱三板斧，这三板斧很有意思的。第一板斧，为了烧别人的钱，需要讲个故事。讲什么故事呢？我以"一亩田"为例。它说未来 20% 的食材都来自"一亩田"，这个讲得有前景，一定会让投资人眼睛一亮。还有一家公司叫做"云视链"。它描绘了一幅云视频连接的美好画卷。什么叫云视频连接？比如说在互联网上一个电视剧中，你发现剧中某款冰箱或某件家具很不错，你可以直接点击屏幕，就会给你一个链接，这个链接就会连接到你要买的东西的网站上去。这个听起来有水平对不对？

云视链公司宣称，其云视链平台拥有全球最领先的第五代自动视链技术，同时还拥有了美国 USPTO（美国专利商标局）的多项专利技术。据腾讯科技报道，如果去美国 USPTO 网站上去查的话，找不到云视链的任何专利。这纯粹是在说故事。但说故事很重要，因为想让风投投钱的话，就得会说故事。投了钱之后，他们发现被骗，然后怎么样呢？风投会跟你联合起来一起说更大的故事再骗 B 轮风投，B 轮进来之后再一起说更大更大的故事骗 C 轮。最后上市，骗老百姓的钱，骗中小股民的钱。

各位请注意，O2O 本身是和风投联系在一起的。下一步做什么呢？业绩造假。比如说你们所熟悉的滴滴打车、快的打车有过是业绩造假。过去他们在竞争的时候，双方互称我在这个地区有 50% 以上的份额。那么合并之后，就超过 100% 了，那不是个大笑话吗？

更典型的案例是"一亩田"数据造假造得离谱。他们网站的数据显示，2014 年 7 月份，他们的交易额是 50 万，到了第 2015 年 5 月份的时候，已达到 100 亿。你要知道从 50 万到 100 亿是什么概念？怎么可能会有一家公司、一个网站能够在一年之内，从 50 万元的交易额上升到 100 亿呢？

如果你直接看他们的交易的话，会喷饭的。比如，在其 PC 端网站，有两笔交易是这样的：×× 老板采购了 999.999 吨毛桃，×× 老板采购了 107 万吨的洋葱。那么我们针对洋葱这一笔交易，做了一个小小的调研，发现中国洋葱生产的集中地是在西昌，年产量也不过 30 万吨，所以你要找到 100 万吨的洋葱本身就不是件容易的事，更何况你要去买了。

这个事件曝光出来之后，该公司一开始还说他们数据没问题，最后在强大的舆论压力之下，他们承认有数据有误，并因此解聘了 1500 人。被裁掉的员工当中有人不服气，就出来爆料了。他们说他们是有交易任务的，从几十万到几亿不等。怎么刷单呢？当任务无法完成时，会通过两种办法解决：一种是员工自己刷单，用两部手机，拿自己的钱通过"一亩田"的线上交易从一部手机转移到另一部手机。左手买，右手卖。左手到右手，自己不怎么损失。通过这种方法来回对敲，平台上就有了交易数据。

另外一个方法是工作人员直接跑到批发市场游说供应商跟采购商把他们现金交易放在网站上，创造交易数据。放到网站上之后，这个供应商还可以取得千分之二的现金返利。他这么干，根本不像他们嘴巴上讲产业链整合，纯粹是对敲行为。

经历了这件事后，"一亩田"的管理层也开始反思，将后来的交易撮合模式改为信息撮合模式，化繁为简，做好让买家找到靠谱的卖家、心仪的产品这件事。

2016 年 11 月，"一亩田"获得了 C 轮融资，估值近 6000 万美元。

除此之外，还有"饿了么"在线外卖平台。2015 年 6 月份，"饿了么"的联合创始人康嘉在公益演讲中说，他们每日的订单量是 120 万到 140 万单。这个数字和他们网站以前所宣传的日订单量超 200 万单严重不符，又激起轩然大波，又出来造假的问题了。

还有猫眼电影，宣称其 2015 年 7 月份票房达到 22 亿元。可是全国电商票务的票房收入也才 25.3 亿，你怎么可能有 22 亿元？最后他们只有赶紧修改数据。类似的事情是不胜枚举的。第二板斧业绩造假很重要，对于吸引风投和消费者都非常重要。

进入最重要一个环节——第三板斧，那就是你的出路。如果运气好的话，可以上市。我前面讲过，目前只有一家上市，湖南广电下面的快乐购物上市了。上市有什么好处？快乐购物原始投资人收回了 52 倍的回报，那是个皆大欢喜的场面。不过很不幸地告诉各位朋友，2014 年的 O2O 超过十万个，只有一家上市。而且 2015 年、2016 年不晓得又增加多少个了。

第二条出路是可以被上市公司收购。比如说，2015 年华联股份就以 9000 万美元入股了"饿了么"（外卖 O2O）的母公司 Rajax。这算是一个好的案例。还有，2015 年 6 月 14 日，东易日盛拟以 1280 万美元投资"美乐乐"（家居 O2O），占"美乐乐"2.25% 的股份。第三个案例是 2015 年 6 月 10 日，奥康国际收购了兰亭集势（跨境电商）25% 的股权。那么这第二条出路算是次好的。

第三个结果就是绝对的、必然的、不可避免的大量倒闭。为什么呢？因为你要烧别人的钱，你只有倒闭的份。为什么郎教授这么肯定？因为股指到 2015 年 6 月 12 日达到最高点，达到 5178 点之后一路暴跌，虽然政府成功救市，但它曾经有跌穿过 3000 点的这么一个时候。

各位回忆一下，股市暴跌之后政府怎么救市的呢？7 月初宣布半年之内暂停 IPO。暂停 IPO 的话，这些风投，A 轮、B 轮、C 轮融资风投怎么退出？他们没有办法退出了，跟 O2O 绑在一起了。绝大部分 O2O 企业又不赚钱，业绩都是造假的，捆绑越久，风投亏损越多是不是？所以干脆就不再继续追加投资了，也不再投资新的 O2O 项目了。

从 2015 年 6 月份开始，我发现风投的投资案例数量大幅下降。我们来看一下中国创投市场的融资案例：天使投资在 2015 年 6 月份达到最高点，有 263 个案例。开始于 2015 年 6 月 12 号的第一波股价大跌一直跌到 2015 年 8 月份，由此导致 2015 年 8 月份天使投资案例暴降到 106 个。8 月份的投资金额环比下降了 82%。再看一下中国私募股权投资案例，即 A 轮、B 轮、C 轮的融资，从 6 月份的 152 个案例暴跌到 8 月份的 20 个案例，投资金额从 7 月份到 8 月份暴跌了 84%。

风投募集资金的完成比例也是一路下行。如果硬要画条线的话，你会发现在 2014 年 3 月份、7 月份，甚至 2015 年 3 月份，这个比例都是超过 1 的，而其他时间这个比例则在 1 以下，尤其是 2015 年 8 月份最惨，风投募集资金的完成比例只有 23%。换句话讲，风投资金的募集完成比例，从过去的远远超过 1，到 2015 年 8 月份只有 23%，大幅下降。为什么？我们投资人连风投都不相信了，所以只要风投退出，风投的投资金额一定下降。这么多烧钱的，十万家烧钱的 O2O 怎么生存？而且它们的这个模式都是不赚钱的。为什么？它们都不是互补型的模式，这些属于烧钱的模式都难以生存。所以我们将来一定看到，所谓完美的画面，从早上起床之后，一直到晚上睡觉，这么多 O2O 参与的每一个生活环节的画面，都将烟消云散。未来我们期待什么？大量 O2O 的倒闭。

所以在此，我想做个结论，给我们各位朋友一个新的启发，同时也给我们 O2O 的参与者一个警告，那就是 O2O 从 2014 年开始是个时髦的名词，但是走到现在已经做得过滥了，我们一定会看到大量 O2O 创业项目失败，大量 O2O 企业倒闭。

那么 O2O 是什么形态？第一种形态叫做互补式的 O2O，比如说阿里巴巴跟苏宁的结合，比如长沙制鞋工厂的 O2O。你只要能够让成本下降、效率提高都属于互补式的案例。因为只有通过互补，才能让成本下降、效率提高，才能成功。

第二类是非互补式，烧自己钱的案例，以百度为例，导致股价暴跌。第三个类型就是非互补式，烧别人钱的案例，2014 年有十万家。由于股市暴跌的影响，风投逐渐退出，因此我预计这十万家中会有大量的 O2O 倒闭。

所以最后我们要记住一个结论，"互联网 +"是个好东西，但是请你注意：互联网只是个工具，他只能传播价值，真正能够创造价值的是实体经济本身，实体经济创造价值。怎么创造？简单地讲，降低成本或者提高效率，是创造效率的不二法门，而互联网可以帮你做到，但是你一定要有互补，才有可能创造价值。如果不是互补式互联网 O2O 的话，将来你会遇到重大麻烦。

▶ **第八章**

互联网金融一夕遍地

▶ 这几年，互联网金融企业雨后春笋般涌现。最先火起来的互联网金融产品是余额宝，它动了银行巨无霸们活期存款的奶酪，随后各种宝宝们层出不穷。紧接着是挑战银行固定存款业务的P2P业态出现，一时遍地开花，互联网众筹、互联网保险、网络支付、网络安全，各种互联网金融衍生出的产品、技术和服务应运而生。

一、金融民营化的星星之火

2013 年，政府放开民营资本发起设立银行的准入限制，民营资本可以申请办银行了。截至 2014 年 1 月，已有 70 余家民营银行获得国家工商总局预核准。自 2014 年 3 月银监会批准 5 家民营银行试点以来，至 2017 年 3 月，总共有 17 家民营银行获批。各位读者朋友，为什么会有这么多民营资本希望设立银行呢？因为他们认为银行是很好赚钱的，首批的 5 家民营银行均已盈利。

银行民营化是我首先提出来的，我认为我们银行需要民营化，而不是让国有银行垄断。其实中国没有几家银行，就一家银行，叫国有银行，各家银行都是一样的。我曾提出，希望民营银行能够和国有银行同台竞争，通过竞争将资源导向最有效率的企业——那可能就是民营企业，这样才能解决民营企业融资难的问题。

实际情况是怎么样的呢？我们一起来看一下。一方面，民营银行的发展步履缓慢。到 2015 年 5 月，首批获批的 5 家民营银行已全部开业，它们分别是天津金城银行、深圳前海微众银行、上海华瑞银行、温州民商银行和浙江网商银行，发起股东都是国内响当当的民营企业。不过这 5 家民营银行，不但资产规模很小，而且开展业务的范围也受到比较严格的限制，申请个新产品很困难。另一方面，大量资金在金融体系内部空转，在支持实体经济发展方面效果差强人意。

中共十八届三中全会提出，鼓励金融创新、丰富金融市场的层次和产品。民营银行的发起设立需要牌照，而互联网金融还没有定性为金融机构，发起设立要简单得多。在这样一个背景下，互联网金融企业雨后春笋般涌现。最先火起来的互联网金融产品是余额宝，它动了银行巨无霸们活期存款的奶酪，随后各种宝宝们层出不穷。紧接着是挑战银行固定存款业务的 P2P 业态出现，一时遍地开花，互联网众筹、互联网保险、网络支付、网络安全，各种互联网金融衍生出的产品、技术和服务应运而生。

二、规模迈向万亿的余额宝

我们先从简单的开始谈起。互联网金融打响第一炮的是余额宝。余额宝最早于 2013 年 6 月推出，年化收益率在设立初期曾超过 6%，在 2014 年 3 月跌破了 6%，5 月跌破了 5%，之后一路逐渐走低，目前不到 3%。很多人要说，互联网金融、余额宝表现也不怎么样，收益率已经大幅下降。真的是如此吗？再给各位分享一组数据。为了对付余额宝，我们很多银行也推出了类似余额宝的业务。工商银行的天天益、工商银行的工银货币、民生银行的如意宝、兴业银行的掌柜钱包、中国银行的活期宝、平安银行的平安银等，都是类似余额宝的产品。我们就以余额宝的收益率和工行的工银货币的收益率做一个对比分析。

从图 8-1 可以看到，余额宝与工银货币基金的收益率曲线走势差不多，工银

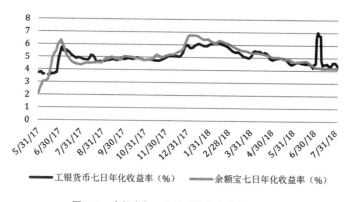

图8-1 余额宝与工银货币基金收益率对比图

货币的可能还稍微高一点点，但是也没有高多少。以余额宝与工银货币为例，我们可以很清楚地看到，整个收益率都呈下降趋势，不只是余额宝的收益率下跌了，工银货币的收益率也下跌了。收益率为什么会下跌呢？我再给各位朋友提供一个数据，还以余额宝为例。余额宝在收集了散户投资者的闲散资金后，其中90%的资金是在银行拆借市场借给其他银行的。由于它是一种协议存款、协议拆借，不受利率的限制，所以收益率最高的时候可以达到7%，而目前只有不到3%了。既然余额宝的收益主要来源于拆借市场，余额宝的收益率就和拆借利率息息相关。

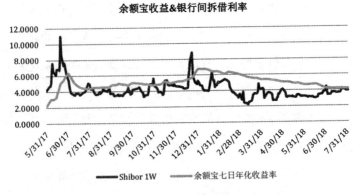

图8-2　余额宝收益率与银行间市场拆借利率比较

　　请看图 8-2，余额宝的收益和银行间的拆借利率比较。近几年银行间市场拆借利率的不断走低，使得余额宝的收益率跟着下跌。这就导致，其他类似余额宝的产品收益率都跟着下跌。这个非常正常——余额宝是真正反映了市场供需的产品。

　　可能有读者朋友会好奇：是什么原因使得 2014 年后拆借利率下降？很显然，是因为银行间的资金增多了。银行间市场上资金比较充裕，拆借利率自然下降。这是由一个简单的供需原理决定的，我相信每一位朋友都能够理解。为什么 2014 年以来资金比较宽松了呢？这有三方面的原因。

其一，2014 年 4 月 25 日，中国人民银行决定下调县域农村商业银行人民币存款准备金率 2 个百分点，下调县域农村合作银行人民币存款准备金率 0.5 个百分点。这个影响不是很大。更大的影响来自于 2014 年 6 月 16 日，对 2/3 的股份制银行下调人民币存款准备金率。为什么呢？其目的是为了满足"三农"以及小微企业的借贷需求。而可能会借贷给这些小微企业以及"三农"的，通常是以股份制商业银行或者城市商业银行为主。因此对 2/3 的城市商业银行降准，降低存款准备金率 0.5%。此外，对财务公司、金融租赁公司、汽车金融公司等等的也同时降低存款准备金率 0.5%。就是这个原因使得股市涨了 8%，资金开始宽松了。

其二，2014 年 8 月 4 日，国务院宣布推动 470 万户以上的棚户区改造，这一数字相对于 2013 年增加了 50% 以上。而且，除了棚户区改造之外，还有棚户区改造相关的城市基建项目也要同时推动。由谁来推动？由国家开发银行来提供信贷支持，信贷因而进一步放宽。

其三，2014 年 1 至 6 月，银行体系的社会融资总额创下了历史的最高峰，半年就高达 10.57 万亿，银行的放贷继续活络。当然这是印钞票的结果了。

这三个原因使得银行间的资金流动、银行间的资金情况变得越来越宽松，才导致银行间的拆借利率下跌，然后和拆借利率挂钩的余额宝、工银货币等产品的收益率全部跟着下跌。坦白讲，这种现象在我看来是非常正常的，大家不必大惊小怪。

但是我想给大家提一个全新的思维问题。余额宝在 2014 年中的规模就达到 5700 亿元，远远高于当时其他类似的货币基金产品，而工银货币基金在 2013 年的规模是 243 亿元，到了 2014 年 4 月大概是 870 亿，远远落后于余额宝。各位猜猜这是为什么？尽管工银货币的收益率比余额宝稍微高那么一点点，投资者为什么大多还是选择投资余额宝呢？

这是一个新的观念。你之所以选择活期存款或者货币基金，主要目的不是为了赚钱。如果赚钱是第一标准，资金可以用来投资房地产，可以投资股票。选择将资金配置到活期存款或货币基金，完全为了应对不时之需。因此，这一行为的主要目的就是应对随时可能出现的消费需求。

请你想想看，工银货币推出来之后，收益率虽然比余额宝高那么一点点，但是你很麻烦的，你要提取现金的话可能要事先通知银行，然后经过一系列烦琐的手续，才能拿到。你又不是为了赚利息而存的，其实是为了消费，这么麻烦你会不会满意呢？会不会因为那么一点点收益率的差距，就把钱从余额宝转到工银货币基金呢？你不会的。怎么可能呢！

那么为什么余额宝特别受欢迎呢？因为余额宝可以通过支付宝直接支付很多项目，比如说在淘宝上购物，比如交水电费、交电话费、买火车票、买电影票等，而且现在有越来越多的超市、百货都可以用支付宝支付了，这样你就可以直接和消费联系在一起，大大方便了日常生活。这就是它特别受消费者欢迎的原因。而且这种优势不是其他银行类似的货币基金产品能够比拟的。

我也想请各个银行的行长、银行的从业人员特别记住：你们的竞争并不是在于要把余额宝打垮，而是你们的竞争方式本身就是错的。因为客户选择活期存款、货币基金等产品，目的并不是为了赚取利润，而是为了方便消费，所以哪个产品能更便利参与消费，我相信它的业务一定会做得更好。这一点其实对于我们传统银行而言，我相信是有巨大的改进空间的。

三、让人又爱又怕的P2P

谈完第一响炮余额宝之后，再谈我们第二响炮，也是大家所关心的P2P互联网金融。这个特别有意思，而且这个应该是真的具有我们中国特色的。它是和房地产直接挂钩的。为什么这么说？请看图8-3。从2009年开始到2014年，从1.5亿涨到2014年的接近2000亿，5年当中几乎涨了1300倍。这个互联网金融什么意思呢？中国有4000多万家小微企业。这些企业他们在银行是根本借不到钱

的，但是他们有融资需求，怎么办呢？过去他们是靠高利贷。对于山西、浙江和
福建部分城市的高利贷，我是很担忧的，可能已经处于全线崩溃的状态。为什么？
因为这些小微企业、民营企业经营状况非常不好，使得高利贷行业雪上加霜、危
机重重。

图8-3　P2P网贷公司数量及规模（2009—2014）

既然如此，P2P互联网金融为什么能够蓬勃发展呢？原因就在于P2P互联网
金融和缺乏流动性的房地产市场建立了紧密的联系。

前几年，我们很多投资者、很多老板疯狂买房，到了2014年发现房价涨不
动了，甚至有一点下跌的可能。可是前两年买的房子到2014年还没有交房。于
是，房产和P2P互联网金融结合在一起，促成了一个前所未有的中国特色的互联
网金融模式的诞生。怎么挂钩的呢？房产业主干脆抵押房产，进入P2P的互联网
时代。什么意思？这叫做O2O，online（线上）跟offline（线下），也就是线上跟
线下结合的意思。具体来说，那就是线上招商，线下销售。

比如说，我今天借了100块给这个小微企业，为了确保我的债权安全，小微

企业把价值 500 块的房地产抵押给我。也就是说，小微企业只借了 100 块的债，提供的抵押品价值 500 块，小微企业的负债比例仅为 20%，因此对于我来说，这笔借款应该算是相当安全的。

我们借给你 100 块，我把它拆成 100 份，每一份价值 1 块钱，分别卖给 100 个投资人。这 100 个投资人一年可以拿到百分之十几（12%—18%）的利息。作为 P2P 平台的运营方（操盘者），我可以从实际借款人（即小微企业）那里拿到 24% 的利息，也就是 2 分利。我从这些小微企业拿到 24% 的利息，支付给投资人 18% 的利息，P2P 平台赚的中间价差是 6% 的利息收入。

我有动力去发展 P2P 金融，因为我得了 6% 的利润。投资人拿到 18% 的利息，他也很高兴，而且几乎没有风险，因为小微企业的抵押品是价值 500 块的房地产。P2P 平台的投资者，过去他们存定期存款的收益率是 3.5%，或者买理财产品的回报率大概是 5%，投资股票搞不好还亏损，而投资 P2P 平台却可以拿到 18% 的回报。所以，投资人高兴，平台的经营者也高兴。而那那些借款人呢？过去他们根本借不到钱，现在是抵押房地产只要付 2 分利，也就是 24% 的年化利率，对他们而言也是一个绝对的好事。

如果我今天不抵押房地产，而是采取另外一条路径融资，是不是可以借到款呢？比如说在利率自由化的情况下，从银行贷款。我告诉你，凡是有这种想法的人都是半桶水的水平，属于学美国制度没学好的典型。利率自由化就能解决小微企业融资的难题吗？三个字：不可能！你猜为什么？

如果利率自由化，也就是利率真的要反映这些小微企业的风险的话，那我告诉你，由于风险补偿，小微企业借款的利息将高到他们不可承受，利息不是 24%，至少会有 200%。为什么？因为中国很多小微企业厂房是租赁的，店铺是租的，员工是流动的，市场又不稳定，谁敢借钱给这些小微企业？他们面临的风险大得要命。

这么大风险，银行收 200% 的利息搞不好都会赔钱。我请问你：你怎么能生存呢？这些小微企业怎么可能借到钱！不可能的！现在我们不谈利率自由化这个话题，回到 P2P 平台的问题上来。

因为小微企业抵押了没有流动性的房地产之后，他的借贷成本可以降到 24% 甚至更低。为什么？价值 500 块的房子只借 100 块钱，当然可以做到降低借贷成本了。直到最后是三方获益，也就是说，P2P 平台获利了，投资人获利了，借款者小微企业也获利了。一个具有中国特色的 P2P 互联网金融时代来临了！而这个和我前面讲的一个不具备流动性的房地产捆绑在一起，使得房地产变成流动资产，小微企业可以通过 P2P 的平台贷款 100 块钱来发展自己。

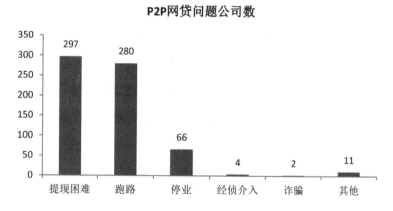

图8-4　P2P网贷问题公司的问题类别及数量分布（单位：家）

接下来我们看一下出现问题的 P2P 网贷公司出现的问题类别和比重。请看图 8-4，从 2011 年到 2015 年 5 月份，中国 P2P 网贷平台共有 660 家出现问题，我们做如下的分类。

第一类最多，表现为提现困难，共有 297 家；

第二类也很多，表现是老板跑路，共有 280 家；

第三类是停业的，共 66 家；

第四类是公安经侦介入，共 4 家；

第五类是诈骗 2 家；其他类型的 11 家。

其中提现困难占 45%，主要问题是借款方偿还不起，提现困难；停业的占 10%。这两个属于 P2P 网贷，这是毫无疑问的，加一起占 55%。

剩下的 45%，根本就不是 P2P 网贷平台公司。剩下的 45% 是什么？跑路的 280 家，他们是做什么的呢？以 P2P 平台为幌子，利用网络搞资金池，把钱圈起来之后投资一些项目，收益不好的话，连人带钱一起跑掉。那么，这个不是 P2P 网贷，他们是搞资金池的。经侦介入的 4 家，诈骗 2 家，以及其他 11 家，都属于资金池类型的。这些资金池类型的加在一起占到 45%，要都排除在外，因为他们不属于真正的 P2P。

真正的 P2P 为什么不能跑路，很难诈骗？因为 P2P 基本上都要做第三方托管。像你们投资基金，无论是公募或者私募，你不担心他跑路吧？不担心！为什么？因为有第三方托管。而 P2P 网站也是第三方托管，所以跑路是不可能的，诈骗是不可能的。但是也有很多 P2P 平台经营不善会亏损，经营实在太差的甚至会停业（见图 8-4），因此这个是有风险的。

四、微信红包风靡网络

2014 年 1 月 30 日晚，除夕夜里最火的事情就是玩微信红包游戏了。我的家人都在玩，但我没有玩，因为我觉得这个太麻烦，可能是我年纪大了，对玩这种活动也是不太得心应手。不过我周边的人尤其是年轻孩子都在玩，玩得兴高采烈。根据统计，从 2014 年大年除夕开始一直到大年初一的下午 4 点钟，这个微信红包总共有 500 万用户参与，平均每一分钟发出 9412 个红包，疯狂的时候一分钟有 2.5 万个红包，投入金额大概 2.4 亿元，红火得不得了。这个新鲜玩意儿一直在整个朋友圈内造成一个不小的风波。当然了，网友反映都是非常正面的。

其实，通过网络发红包，最早还不是由腾讯创造出来的，各位猜猜是谁？又是马云！2005年，他就开始推出了一个红包，不过当时那个红包跟后来的微信红包是两回事。马云推的红包主要是由厂家提供的。这种红包不变现，实际上相当于发给消费者的优惠券。消费者拿到这个优惠券后，可以到网上购买厂家的产品，这是当时红包的类型。

还有另外一种红包是个人发出的，但金额是固定的，而且没有互动，没有交流，也没什么意思，因此知道的人不多。马云是第一个搞红包游戏的人。

到了2014年1月23号，又是马云的支付宝推出了一个新年讨喜活动——讨红包。这个讨红包活动是很奇怪的一种方式，是你向别人去讨红包。当时的数据显示，一天有22万用户参与（这与500万用户参与微信红包活动差多了），总共金额是1800万（和微信红包的2.4亿也差很多）。为什么有这么大差别？因为支付宝红包没有互动，而且是向别人讨红包，给人的感觉不太好。而微信红包呢？我要发红包给我微信群里的朋友，大家分头抢红包，抢到多少是随机的，全凭运气，大家觉得很有意思。抢到红包的人还给你埋怨几句，"这个人好小气，才发10块钱的红包！"或者说："哎哟，这个人好大方啊！"那么这个有互动就很有意思。相比之下，马云的支付宝红包就显得不太有吸引力，而且讨红包给用户的体验感比较差，所以最后只有22万用户参与，远远不是微信红包的对手。微信红包自2014年1月27日推出开始，就一炮而红。

各位想想看，腾讯为什么搞这个微信红包呢？这不只是一个微信红包。它这代表的是一个支付手段，支撑起整个线上、线下业务的融合，引导着一个翻天覆地的变化。请你想一想：马云有一个什么样的公司呢？马云有一个任何人无可挑战的淘宝跟天猫啊！这个电商平台的交易额一年超过万亿，这个市场可不是其他人能够染指的。为什么不能染指呢？因为像淘宝跟天猫这种网络市场，它们有天然的垄断性，一旦在这一领域成功之后，就会形成一种天然壁垒、自然垄断，别人要想来分一杯羹，我不敢说不可能，但是成本是非常高的，难度是非常大的。

连我都知道的事，像马化腾这种真正的参与者他会不知道吗？他肯定知道。那腾讯又是一个什么样的公司呢？它有 6 亿用户。马化腾难道不想进入这个网络购物市场吗？不是不想，是难以做到。他又不想放弃 6 亿的客户资源，怎么办呢？只有暂时舍弃线上，进入线下竞争。比如说，腾讯跟各大航空公司合作，购买机票比官网的折扣价还要再便宜 6%，差价由腾讯补贴。线下市场正是马云和马化腾交战的最重要场所，而这个微信红包就是新春第一炮。

▶ **第九章**

跨界并购何其多

　　▶ 哪些投资会受到资本市场的认可？1.具有协同效应的，能够强化市场垄断地位的投资；2.能够提升效率、降低成本的投资；3.与自己主营业务相关的投资。

一、令人眼花缭乱的投资

2016 年双十一期间，阿里巴巴和马云又火爆了一次。全国各地的网民在这一天疯狂网购，在我看来这是最荒谬的一件事。不但采购一些没有用的东西，而且还给整个物流系统带来极大的压力、极大的负担。各位知道我在想什么吗？一个国家的网购如此疯狂，让我感到极度操心、极度担忧！这不是一个正常现象。

这一章我不想再讨论双十一的问题，我想讨论另外一个问题：一个比较理智的投资人如何看待阿里巴巴这一阵的疯狂？这个疯狂不只是双十一活动，还包括阿里巴巴上市的时候创下的 IPO 天价。美国投资人当时欢欣鼓舞地接纳了阿里巴巴，为什么？因为这种商业模式是过去所没有的。坦白讲，这种商业模式对美国人来说是一个稀奇古怪的东西，因为美国没有阿里巴巴，美国没有类似淘宝的电商平台，美国人基本上都是到购物中心、商店去购物。网购在美国人消费中占的比例不高，除了软件、书籍等标准化程度比较高的产品可能会采取网购的形式外，购买其他衣食住行相关的消费品都是去商店、超市。为什么？因为美国实体店的价格比网购还便宜。

对于网购而言，中国的情况比较特殊，与美国的情况刚好相反。在中国，网购的价格往往比较低。这又是为什么呢？因为中国的税费过重，中国的房租过重，使得实体店的成本居高不下，甚至使得成本平均提高了 20% 左右。这就是中国网上购物红火的原因：不是因为网购是个好的商业模式，而是实体店税费过高、房租过高的结果。所以各位千万不要把阿里巴巴旗下淘宝、天猫的网购当成天才的商业模式，更不要把双十一活动的巨额成交量当成伟大的胜利。美国人比较现实，评价一家企业就看它是否盈利、是否有成长性，因此美国人能够接受阿里巴巴这个特殊环境下的产物。虽然美国人自己不能疯狂网购，但是美国人一旦接受这种疯狂之后，后面他们就来检验你到底是不是一个具有信托责任的公司，你是不是一家能够替投资人创造财富的公司。这是美国的股东、美国的股民所看中的一点。

2015 年 10 月 16 日，阿里巴巴宣布收购了优酷土豆，当天股价下跌 0.29%，跌得不多。可是对于阿里巴巴一系列的收购，美国人是怎么看的呢？我们来看一看媒体的相关报道。据《纽约时报》报道，2015 年 5 月 15 日，一家对冲基金巨头在该年第一季度就出售掉手中价值 10 亿美元的阿里股票，理由是看不懂阿里巴巴做出的投资。2015 年 8 月 19 日，《纽约时报》报道，阿里巴巴的表现一向难以琢磨：过去的两年里它投资了保险、金融、电影、实体零售，甚至还有一家足球俱乐部；现在它与另一个看似不可能的公司成了合作伙伴，叫做中国兵器工业集团。

2015 年 9 月 18 日，美国彭博社指出，在阿里市值暴跌之后，投资人看不到阿里巴巴未来的增长点在哪，尤其是在电商之外的非核心业务投资上，阿里巴巴的某些举动和决策令人看不懂。这些简单的媒体报道，似乎传递了这样一个信息：美国投资人对于阿里巴巴上市之后的投资表现是不满意的。

果真如此，还是媒体渲染过度了？我们用数据来说话。阿里巴巴上市之前有31 起收购，上市之后一直到 2015 年 10 月 28 日共有 37 起收购。请大家记住，其中的 19 起，也就是 51% 的收购活动，导致股价下跌；13 起收购，也就是其中35% 的收购活动，导致股价上涨；另外 5 起收购，也就是 14% 的收购活动完成后，它的股价表现平稳。总的来看，在所有的收购活动中，让投资者感到不满意、导致股价下跌的占到一半左右，有 51%。因此，阿里巴巴并不像媒体报道的那么差，它的投资行为有一半，还是得到股东某种程度上的认可的。

从阿里巴巴、百度、58 同城、携程和京东这五家企业整体看，在全部投资活动中，引起股价下跌的投资并购项目占到 52%。这一数据跟阿里巴巴自己的表现差不多，其他就是股价不变或者股价上涨的。也就是说，美国投资人对中国互联网上市公司的投资、并购行为，不满意的差不多就是 50% 上下，另外一半就是不置可否，或者表示赞同的。

二、哪些投资会受到资本市场认可？三类！

那么我们就要思考了：对于一个成熟的美国投资者而言，他到底喜欢阿里巴巴做什么呢？ 58 同城呢？携程呢？京东呢？他想让它们干什么？这是过去媒体没有分析过的，我在此和各位谈一谈一个新的思维。

我们将全部的投资活动分为几大类。第一类投资活动是具有协同效应的，能够强化市场垄断地位的。比如说，各位都知道滴滴打车与快的打车的案例，两家公司分别占有的市场份额约为 43% 左右，合并之后两家公司可以占到 99.8%。两家公司在合并之前的估值加在一起是 60 亿美元，合并以后的估值达到 130 亿美元。与这类似的、能够促进垄断的收购合并活动，美国投资人相对来说还是比较喜欢的，能够使得股价上涨。

各位请看图 9-1。58 同城是一家提供生活信息的门户网站，赶集网是另外一家提供同类服务的门户网站，两家公司于 2015 年 4 月 17 日合并组成一家新的公司。各位请看，合并当天 58 同城的股价立刻上涨 4.3%，整个合并重组期间总共上涨了 16% 左右。从图上可以很清楚地看到，58 同城与赶集网在合并之前，股价是走平的，到了 58 同城跟赶集网合并之后暴涨，然后维持平衡，后又跌回原来的水平。美国投资人的这一系列反应是什么意思呢？这表示，对 58 同城和赶集网的合并本身，美国投资人认为可以增加垄断，在股价上予以正面回应。可最后为什么又跌回来了呢？因为美国投资人发现，就算合并之后，公司整个的市场份额达到 74%，具有绝对的市场垄断地位，但是仍然没有找到一个有效的盈利模式。

图9-1　58同城股价走势图

这非常有意思。一家公司能不能够赚钱才是美国投资人所看中的，而且我认为美国投资人的这种想法是非常正确的。规则非常简单：公司能够替股东赚钱，而且有成长性，股价就上涨；公司不能赚钱，股价就要下跌。

第二类受到资本市场认可的并购活动，是合并后能够提升效率、降低成本的，比如，阿里巴巴和苏宁的股权并购。前文我们讨论过，这一事件发生在 2015 年 8 月，在此简要回顾一下。各位请注意，阿里巴巴因为没有自己的物流体系，它的物流成本是非常高的，远远高于京东，也远高于苏宁。我曾经对京东的高效物流系统给予一个很高的评价。目前，京东物流系统的成本是最低的，效率是最高的：平均 8 个小时内给用户送到，基本上是 8—10 块钱左右一单的配送成本。

苏宁呢？全国 2800 多个县（区）当中的 2500 个有它的分店，但是它的物流成本却高于京东，效率也低于京东。原因在于苏宁物流体系的使用量不够，没有达到规模经济。而阿里巴巴专注于为小微企业提供网上交易平台，一直使用第三方物流解决配送问题，导致物流成本居高不下。相比较而言，它的配送效率是最低的。我们在淘宝、天猫上买东西，大多数时候要两三天才送到，配送成本十几块的都有；而在京东买东西的话，当天基本上都能送到，而且八块钱一单。这就是差别。为什么？因为阿里巴巴没有自己的物流系统，必须借助第三方物流。虽然马云意识到了物流环节的短板，搞了个菜鸟网络，但是效果有限。

阿里巴巴与苏宁这次战略合作的好处是显而易见的。简单地讲，阿里巴巴有3.4亿个用户，它只要挪出一部分到苏宁的物流系流上，就会增加苏宁物流网络的使用量，形成规模经济，最后使它的物流成本会降到跟京东一样，效率也能提高到京东一样的水平。而阿里巴巴使用苏宁的物流系统，也能够获利。这就是能够提高效率、降低成本的合并范例。这种投资就是一个正面的投资，所以阿里巴巴股价涨了2.6%，苏宁电商一开盘就涨停。这就是一个能够为美国投资人所接受的这样的一个投资和收购兼并的行为。

我们再看一下阿里巴巴的股价走势图。我们找到那些重大并购投资行为的时间点，惊奇地发现，在阿里巴巴宣布收购兼并行为时，股价基本上都下跌的，只有一个例外，那就是苏宁跟阿里巴巴的这次股权并购。

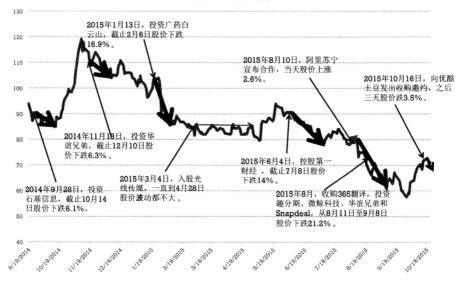

图9-2　阿里巴巴股价走势图

比如说，2014年9月28日，阿里巴巴宣布投资A股上市公司石基信息（002153.SZ），股价下跌了6.1%；2014年11月18日宣布投资华谊兄弟（300027.SZ），股价下跌6.3%；2015年1月13日宣布投资广药白云山（600332.SH），股价下跌16.9%；2015年3月4日宣布入股光线传媒（300251.SZ），一直到4月28日，股价波动不大。还有2015年6月4日控股第一财经，股价下跌14%；2015年8月收购365翻译、投资趣分期、微鲸科技等，股价下跌21.2%；2015年10月16日，收购优酷土豆当天股价下跌0.29%，第二天股价继续跌3.5%。很多人看不懂阿里巴巴到底在干什么，以及为什么股价这么样负面。

美国投资人对于阿里巴巴绝大多数投资的评价都非常负面，我却不是。马云可能有一个想法，是不为投资人所接受的，那就是构建一个大数据采集系统的想法。请看图9-2，投资石基信息股价下跌，入股光线传媒股价下跌，入股华谊兄弟也是股价下跌，入股第一财经仍是股价下跌。但你有没有注意到，马云所参股的这些公司都是与娱乐、财经等信息有关的？

从2014年上市伊始一直到2015年11月，阿里巴巴总共进行了68起收购，其中一半都与大数据相关，而这一半恰恰是美国投资者所不满意的。但是不管怎么讲，阿里巴巴的投资至少有一半是在有目标地搜集大数据。

这里有几个大数据。第一个大数据是娱乐大数据，这就是阿里巴巴收购华谊兄弟、光线传媒、优酷土豆等公司的原因。宣布参股这几家公司后，阿里巴巴的股价无一例外都下跌了。那么，这个娱乐大数据全产业链作为一项长期资产投资，到底有没有用呢？坦白说，我也不知道有没有用。但是不管怎么讲，这可能是马云的投资逻辑和想法，虽然美国投资人根本就不能接受。

第二个就是"线上消费＋线下体验"这样一个大数据的搜集系统。阿里巴巴入股苏宁，为的就是这个。什么是大数据搜集？阿里巴巴和苏宁合并之后，可以便于消费类大数据的搜集。当然，这次合作后股价上涨，不是因为搜集大数据，而是因为成本降低、效率提高。

第三是和O2O相关的数据搜集，包括提供公交服务的"车来了"、Uber、快的打车等。坦白讲，除了像快的打车与滴滴打车合并能够直接增加垄断，进而导致股价上涨之外，其他的这类收购行为，股价方面的反应并不负面，甚至还有微涨。为什么？因为美国投资人看得懂。至少说像收购Uber、车来了、快的打车等，投资人能看得懂，股价就不会暴跌。可是我认为，这些收购肯定不是一个看懂的问题这么简单，而是一个大数据的搜集。

所以，这些投资应该有很大的想象空间。换句话讲，包括娱乐、消费以及O2O相关的大数据本身，我觉得市场上没有给它一个公正的评价。为什么？因为它未来的潜力是不好预估的。因此不能说市场错，也不能说不理解马云，至少我还可以帮马云的半数投资找寻一些合理性。整体而言，虽然我对马云的收购行为评价也是负面的，但相对美国投资人而言，可能我还是稍微公正客观一点。

　　第三类就是与自己主营业务相关的投资，股价会涨。坦白讲，美国投资人是非常现实，非常直白的。

　　你能够增强自己竞争能力的，通常都是好的收购。请看图 9-3，百度的股价走势图。从图中可以看到，涨幅最大的是在 2015 年 5 月份和 6 月份。5 月份有哪几个收购呢？是 2015 年 5 月 18 日投资以色列的搜索引擎 Toboola。6 月 14 日投资"16WiFi"——这是一个交通工具的免费 WiFi 覆盖系统，同日收购了华视互联——这个是车载的 WiFi，当然也是和它主营业务相关的。还有 6 月 8 日收购日本的一家广告公司 PopIn——这个广告公司对于互联网上面的广告推广是有帮助的，因此也是与主营业务相关的。你会发现，5 月份到 6 月份大部分的收购都是和主营业务相关的，因此这个阶段股价上涨了 10.8%。这个是可以理解的。

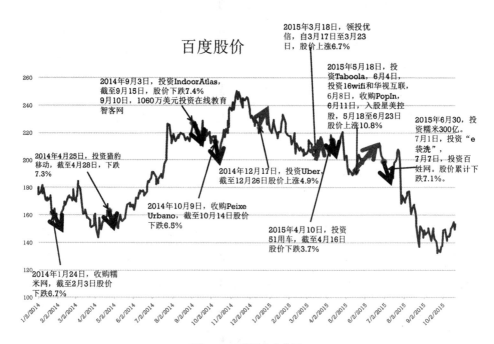

图9-3　百度股价走势图

再看图 9-4，携程网的股价走势图。这也是非常标准的案例，美国人非常喜欢的案例。什么意思呢？就是在酒店预订领域，主要的服务供应商有三家：一家叫携程，占了 46% 的市场份额；一家叫去哪儿网，占了 16% 的市场份额；还有一家叫艺龙网，占了 13% 的市场份额。各位请注意，三家服务商加在一起，他们的市场份额可以高达 76%。如果携程能够把艺龙网、去哪儿网统统收购的话，不但增加垄断性，同时又强化了主营业务，所以这个反应应该是非常正面的。

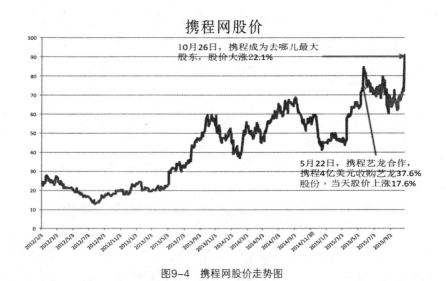

图9-4　携程网股价走势图

合并之后是什么结果呢？请看图 9-4。2015 年 5 月 22 号，携程 4 亿美元收购艺龙 37.6% 的股份，股价当天立刻上涨 17.6%。为什么？因为收购之后它的市场份额接近 60%。另外，2015 年 10 月 26 日，携程又收购了去哪儿网 46% 的股权，成为去哪儿网最大的股东，携程网股价又上涨了 22%。各位能相信吗？收购艺龙，股价上涨 17.6%；入股去哪儿网，股价再涨 22%。为什么？主营业务得到强化，垄断性提高。

这个强化主营业务本身也是增强垄断能力，因此第三类和第一类基本上是分不开的。但为了解读方便，还是分开好。最后总结一下。有三类投资受到资本市场认可：第一类强化垄断地位类；第二类提高效率，降低成本类；第三类增强主营业务竞争能力类。虽然第一类和第三类有重叠，有相关度，但不管怎么讲，这三类是投资人喜欢的。

三、偏离主营业务的投资必会受到唾弃

如果收购行为与强化主营业务背道而驰，使得主营业务趋于分散，美国投资人会怎么评价呢？百度就是个最好的案例。请看前文百度的走势图。百度疯狂迷恋 O2O，大手笔投资 O2O 项目，但美国投资人非常讨厌搞这个。举例来说，据《华尔街日报》2015 年 7 月 20 日报道，百度的盈利会因为它在 O2O 业务上的投资而受损。这种情况在未来三年将会继续，会限制它盈利能力。2015 年 7 月 30 日，巴克莱的分析师表示，百度对糯米和其他 O2O 业务的推广将会进一步增加销售、管理及新的费用，并同时压低毛利率。

换句话讲，会降低利润率的事情，美国人统统是不喜欢的。为什么？因为 O2O 在美国是个失败的行业，美国投资者对 O2O 是非常厌恶的。百度执意而为会有什么结果呢？比如 2015 年 6 月 30 日，李彦宏表示要投资 200 亿来做糯米网。美国投资人怎么想？市场上已有的美团、大众点评已经占了 81% 的市场份额，百度再进来搞个糯米，只占 14% 的市场份额，这有什么意义呢？所以李彦宏一宣布投资，百度股价就立刻下跌，而且是连续下跌。美国股市给了百度一个当头棒喝。你投资在非主营业务，尤其是往 O2O 的方向发展，就是弱化你的竞争力，市场是非常痛恨的，因此股价就一直下跌。

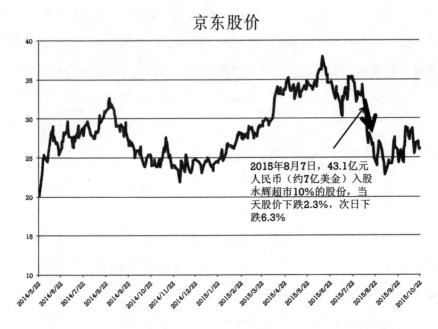

图9-5　京东股价走势图

再谈谈京东。京东的投资很少，我对此谈的也不多。我们只找到一笔，重要的只找到一笔。2015年8月7日，京东投资43.11亿元入股永辉超市（601933. SH），什么结果呢？股价当天下跌2.3%，第二天再跌6.3%。美国投资人完全无法理解，京东原来是轻资产的互联网企业，为什么要投资实体企业。在美国投资人看来，这一笔投资完全无法增加京东自身的竞争力，因为永辉超市是和京东主营业务无关的企业。和百度一样，无关的企业并购一经宣布之后，市场立刻对这个投资行为做出负面的反应。

▶ **第十章**

假货标签何时才能撕掉？

▶ 在一国崛起的过程中，生产假货具有历史发展的必然性。

▶ 美国、德国、日本这三个国家，当时用了什么手段，最终走出了假冒伪劣产品的时代？

一、白皮书风波

2015 年 1 月 23 日，国家工商总局发布 2014 年下半年网络交易商品定向监测结果，淘宝网销售商品正品率只有 37.25%，立刻引发轩然大波。坦白讲，这个报告是有问题的，各位请看图 10-1，柱状体是正品率，对应的折线数据是样品数量。图中最左边的一家企业是聚美优品，正品率是百分之百，但是这一正品率只是建立在三个样本的基础上；从右往左数第二个，ZOL 商城正品率为 0，但是调查只取了一个样本。一个国家权威机构，基于这么小的样本发布报告，这种非专业性令我吃惊。

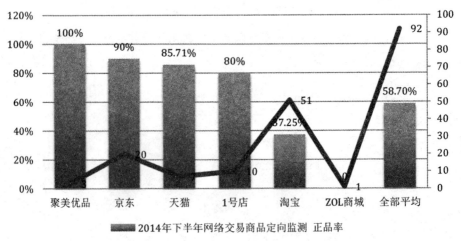

图10-1 2014年下半年网络交易商品定向监测结果

再看看淘宝，样本数量是 51 个，正品率是 37.25%。对于淘宝这么庞大的一个销售平台来说，11 个货品取了 51 个样本，就能够判断淘宝正品率是 37.25% 吗？

当淘宝网对这一调查结果进行申诉时，工商总局立刻反击！为此，双方展开了一场激辩。2015 年 1 月 28 日，工商总局发布了《关于对阿里巴巴集团进行行政指导工作情况的白皮书》。白皮书提出淘宝五大问题：第一，主体准入把关不严；第二，对商品信息审查不利；第三，销售行为管理混乱；第四，信用评价制度缺陷；第五，内部工作人员管控不严。而且，工商总局要求淘宝的管理层克服傲慢情绪。

2015 年 1 月 28 日下午，阿里巴巴正式对国家工商总局网监司司长进行投诉，投诉他行政程序失当、情绪执法。很快，"白皮书事件"出现转折。1 月 30 日，工商总局与淘宝达成和解。而且，国家工商总局宣布，1 月 28 日发布的白皮书不能作为法律的依据。事件到此似乎以和解告终，应该告一个段落了对不对？错了。请看图 10-2，阿里巴巴在美国的股价走势图。我们回到 2015 年 1 月 23 日，当国家工商总局发布 2014 年下半年网络交易商品定向检测结果时，阿里巴巴的股价还在高位平稳运行。到了 1 月 28 日，当国家工商总局发布白皮书的时候，阿里巴巴股价断崖式暴跌。1 月 30 日，国家工商总局与阿里巴巴双方握手言和。从 1 月 23 日到 1 月 30 日之间，阿里巴巴股价下跌 15.32%，市值蒸发了 465 亿美元。在此期间，作为阿里巴巴股东的投资人，损失惨重。

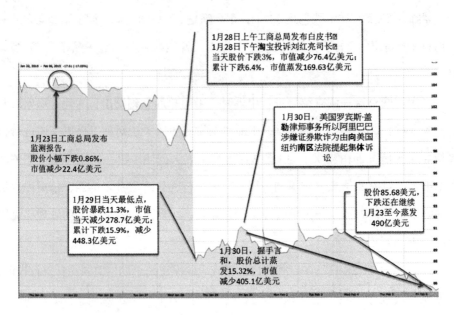

图10-2　阿里巴巴股价走势图

　　福不双至，祸不单行。2015 年 1 月 30 日，阿里巴巴在美国遭到了集体诉讼。美国的罗宾斯·盖勒律师事务所以阿里巴巴涉嫌证券欺诈为由，正式向美国纽约南区法院提起集体诉讼。为什么？就是因为这份白皮书指出，2014 年 7 月 16 日，网监司行政指导工作小组联合浙江省工商局、杭州市工商局召开了行政指导座谈会，阿里巴巴集团主要负责人员及核心管理团队与会，接受行政指导。而阿里巴巴是 2014 年 9 月在美国上市。应该说，阿里巴巴可能事先已知晓这份白皮书的内容，但是在上市过程中却没有向投资者进行披露，所以这个情况就非常严重。于是，一场来势汹汹的集体诉讼爆发了。

　　我们再来看一下罗宾斯·盖勒律师事务所的起诉书，其主要的起诉内容有如下几点：（1）阿里巴巴公司的前景和业务涉嫌虚假陈述，欺骗了投资者；（2）人为抬高了阿里巴巴公司股票的价格；（3）使得阿里巴巴及其原始股股东在首次公开募股（IPO）当中，募集到超过 250 亿美元的资金；（4）使得原告和集体诉讼中的其他成员，购买了价格虚高的阿里巴巴股票。

二、淘宝的假货地图与假货经济学

从 2015 年 1 月 23 日开始，阿里巴巴在美国的股价长期低迷。淘宝的假货问题到底严不严重？我们来一起探讨一下。其实，淘宝有张假货地图你知道吗？淘宝根据自己的调查数据、淘宝消费者的投诉信息等，绘制过一张假货地图。淘宝自身也想打击假冒伪劣产品，提升淘宝网购平台的声誉，曾多次与国家工商总局网监司联系，希望他们能够协助处理假冒商品的问题。事实上，跨地区执法是非常困难的，需要和多个地区的公安机关联合执法才有可能。假冒伪劣商品在我国是个由来已久的问题。借着淘宝假货事件这个由头，我们来谈一下假货经济学。

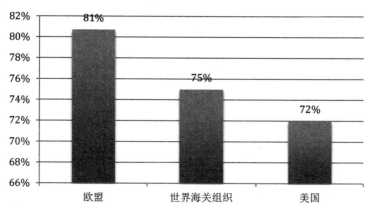

图10-3　来自中国的假货占比

请看图 10-3，世界其他地区和组织统计的来自中国的假货占比。中国商务部网站登载《金融时报》2012 年 7 月 26 日消息，欧盟发布的一份报告显示，2011年，欧盟各成员国海关查获的价值 13 亿欧元的假冒仿制产品当中，有 73% 来自中国内地，另外有 7.7% 来自中国香港，两者合计大概是 81% 左右；而世界海关组织的数据显示，2010 年间，全球查获的假货有 75% 来自中国。

根据美国海关的数据，在美国查获的假冒产品中，2003 年有 66% 来自中国，2005 年有 69% 来自中国，2012 年则有高达 72% 来自中国。因此，美国贸易代表办公室（USTR）公布的 2013 年恶名市场名单（notorious market list），就把中国列为最大的假货实体市场。以该数据来看，中国是全世界最大的假冒产品市场国。不知道各位朋友在听到这个事情的时候心里是什么感觉？会不会觉得心里挺难过的？有没有人愿意担这个假货制造大国的恶名？很丢脸是吧？

告诉大家一个你们可能不太了解的事实：同样是美国公布这份恶名市场名单，时间回到 1840 年，世界上最大的假货实体市场就是美国。有意思吧？这里面有什么内在的联系吗？这就是我要给各位讲的假货经济学。假货经济学是什么意思呢？也就是全世界各国轮流做假货，美国最先开始做假货，之后德国也成为最大假货生产国之一，然后日本接棒德国成为新的假货生产集中地，再后来就是中国。

请看图 10-4，是不是很有意思？我首先声明：我不是支持假货生产，我也反对假货，我也赞成打假。但是各位要知道，我讲的都是客观事实。图 10-4 告诉我

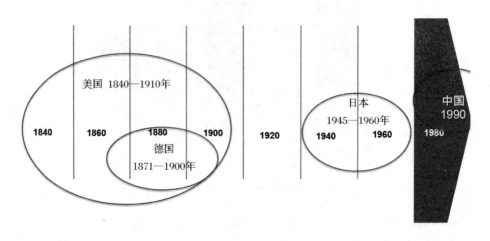

图10-4　世界假货发展史

们，在一国经济崛起的过程中，生产假货具有历史发展的必然性。请看，美国的假货历史是从 1840 年到 1910 年的 70 年，德国是从 1871 年到 1900 年的 30 年，日本是从 1945 年到 1960 年的 15 年，中国是从 1980 年开始到现在。

虽然现在美国货是品质的象征，但在 19 世纪 40 年代可不是现在这样。我们回过头来再看看美国的假货历史。我想给各位举两个例子，看看美国的假货曾经有多严重。各位都知道《双城记》的作者叫狄更斯，他在 1842 年曾经访问过美国。一下船之后他就发现美国假货遍地。以狄更斯最关心的著作权保护为例，美国市场上充斥着盗版的世界名著，就连狄更斯本人的作品也被盗版。这让狄更斯非常气愤。狄更斯回国之后，又写了一本书，叫《游美札记》，主题就是批判美国不重视著作权保护。但是美国的出版商根本就不理他，就连他这本《游美札记》也给盗版了。一直到了 1891 年，在国际社会压力之下，美国国会才终于通过了《国际版权法案》。

第二个例子，乔治亚大学历史副教授史蒂芬·米姆（Stephen Mihm）写了一本书，叫《伪造者之国》（*A Nation of Counterfeiters: Capitalists, Con Men, and the Making of the United States*），对美国 1840 年代的假冒伪劣产品情况做了非常详细的描述。书中举了许多例子，比如：糖果里面不但有面粉和石灰，含有有毒的化学物质砷，而且还用氧化铜来染色；出售的牛奶当中，除了一部分是真的牛奶之外，还用石灰以及其他物质磨碎冒充牛奶；出售的咖啡中除了大概五分之一是真正的咖啡，其他五分之四都是其他各种东西混在里面；出售的奶油中有打碎的牛的胃、牛脂跟牛乳腺等。这就是当时的美国，也经历过并不光彩的时代。以狄更斯的所见所闻为证，美国也曾是仿冒产品遍地。以米姆所写《伪造者之国》为例，伪劣产品也是遍布美国。因此从 1840 年开始的 70 年里，美国是全世界最大的假冒伪劣产品的集散地。

从食品的角度来看，直到 1906 年美国才颁布了一个食品法令，叫做《纯净食品和药品法》，严格限制在食品和药品中掺假。美国这段不为人知的羞辱历史，延续了 70 年。

第二个造假大国是德国。为什么是从 1871 年开始呢？因为德国在 1871 年开始统一。德国想发展工业，但是又没有工业基础。怎么办呢？只有抄袭当时最大工业国英国，抄袭它的品牌，仿冒它的产品。所以英国被德国搞得仿冒伪劣产品遍地。到了 1887 年，英国国会通过法律，只要是从德国进口的商品，不管什么品牌必须打上 "Made in Germany" 的标签，也就是标明是德国制造，以方便英国的老百姓来区分什么是假冒伪劣产品。

因此，从 1871 年到 1900 年，"德国制造"（Made in Germany）就是一个假冒伪劣产品的代名词。各位你相信吗？对今天的德国来说，那是一段不可想象的羞辱历史。

第三个生产假冒产品的大国是日本。从 1945 年到 1960 年，日本有 15 年的假冒伪劣产品历史。国务院前副总理李岚清曾写了一本书叫《突围——国门初开的岁月》。里面有一段话非常有意思。他在书中写道："我本人就有过这样一个经历。20 世纪 60 年代，日本在北京展览馆举办商品展览会。我参观后，买了一个塑料的肥皂盒，粉红色的挺好看。但用了没有多久它就由粉红变成灰白色，连接上盖的塑料也断了。于是'东洋货'骗人的概念又加深了一次。"

各位请注意，从图 10-4 中我们可以直观地看到：美国假冒伪劣产品历史是 70 年，从 1840 年到 1910 年；德国制假售假的历史是 30 年，从 1871 年到 1900 年；日本假货盛行的历史是 15 年，从 1945 年到 1960 年。看到这里，各位一定想问我：为什么日本跟德国生产假冒产品的历史这么短？尤其是日本，只有 15 年。1945 年到 1960 年的日本，是以出口为导向的国家，一直在国际压力之下生存，因此日本的假冒伪劣产品存续时间必须缩短，国际环境不允许日本假冒产品长期存在，否则日本这个国家根本无法生存。德国在崛起的初始阶段也是出口为导向的国家，假冒伪劣产品存续的时间是 30 年。但美国不是。美国有极为庞大的内需市场，它国内的市场能以更长的时间消费这些假冒伪劣产品。那为什么要持续 70 年呢？因为美国是以移民为主的国家，每个人来美国寻求美国梦，都有追求财富极大化的思维。在自由竞争市场环境之下，个人追寻财富极大化是无可厚非的。所以，最开始他们发现假冒伪劣产品是实现财富极大化的捷径时，社会对这种行为是比较宽容的。但是经过 70 年的发展他们才发现，只有保护知识产权，生产高品质的产品才能创造真正的个人财富。

三、如何跨越假冒伪劣的藩篱？

一个新的问题来了：美国、德国、日本这三个国家，当时用了什么手段，最终走出了假冒伪劣产品的时代？根据我的分析，他们基本上都经历了三个阶段：第一阶段是提高产品质量，第二阶段是提高劳工质量，第三阶段是加强执法力度。

先讲提高产品质量。德国首先提出提高质量去竞争。19 世纪 90 时代，德国工厂开始聘用专家进行研发。英国看到那个情况还不以为然，甚至嘲笑德国，认为他们不可能生产出可以跟英国竞争的产品。而德国各个州、各个地方政府都根据当地的实际状况，提出了多种形式的优惠措施，鼓励小企业进行研发。到了 1897 年左右，英国人不得不承认，德国产品物美价廉。英国人发现他们再也离不开物美价廉的德国产品了。又过了十年，也就是到了 1907 年，德国的产品慢慢进入国际视野，形成了真正的垄断优势。

我给各位举个例子。到了 1907 年，德国电气总公司（Allgemeine Elektrizitts-Gesell-schaft，缩写 AEG），也即德国通用电气公司，与美国通用电气公司联合签订了一个垄断协议，瓜分世界电气市场。这标志着德国产品成功了。各位请注意，德国提升产品质量是以小企业为主体推进的。1958 年，德国通过《反限制竞争法》，严格检查德国的小企业有没有受到大企业的欺压。甚至在 2008 年、2009 年金融海啸时期，德国政府也是保护私营企业。当时德国的市场利率是 9%，而对于德国小企业的贷款利率是 6%，剩下 3% 差价怎么办呢？由德国政府进行补贴。这是德国的传统。德国利用政府的力量推动小企业的研发，终于提高了产品竞争力，走出了假货时期。

日本又是怎么做的呢？日本提出了"质量救国"口号。日本政府通过税收、融资等方面的优惠措施，鼓励日本的大企业进行研发，特别是鼓励制造业的高尖精企业投资研发。以机床为例，日本是继美国、德国之后的第三大工业国，在1960年代发展出了机床工业。从1960年开始，日本注重研发，逐渐奠定了日本今天雄厚工业实力的基础。我给各位举个例子。中国政府前些年提出要研发大飞机。比较之下我们发现，日本在20世纪50年代就已经研发了60座的螺旋桨飞机，虽然当时并不成功，可这奠定了一个良好的基础。各位知道波音787梦幻机吗？其中35%的零配件都来自日本。所以日本通过政府鼓励大企业研发这样一个政策，也提高了产品质量，让日本脱离了假冒的时代。

美国与德国和日本不一样。美国怎么回事呢？如我前面所讲，美国是一个移民为主的国家，美国是小政府大市场的格局，所有这一切都是靠市场来做选择。通过市场的自然选择，美国的企业发现，真正能够实现利益极大化的做法，就是通过产品研发提高质量。这就是为什么美国花了70年时间才能脱离假冒伪劣产品时代。70年之后美国企业才发现，只有通过研发提高产品质量，才是利益极大化的不二法门。

第二个阶段是提高劳工质量。

我给各位举个例子。在上海有个"双立人"刀具，德国品牌。在上海买大概是一千块钱一套，但如果你要买德国原装的一套"双立人"刀具，大概需要四千到一万块钱。各位猜一下这个差距是什么？这个差距简单讲就是中国工人跟德国工人的差距。那么，德国如何提高工人的质量呢？16岁以上的德国孩子，很多进入了职业学校，进行四年的培训，其中两年学习理论，另外两年在工厂实习，而德国450个工业协会都要求他们的会员企业聘用的德国技工，必须通过这种四年学徒制的学习。为什么？确保劳工的质量！这就是德国提高劳工质量的方法——

通过德国特有的学徒制。

日本呢？他不是通过职业教育，而是通过企业培训。但是各位请记住，对于制造业来说，工人掌握一个技术或者工艺，是需要花非常长的时间的，需要花几年甚至十几年。为了让这些技术、工艺能够传承下去，日本发展出一套特有的制度，叫做终身聘用制。只要工人不犯大错误，一生都会留在这家公司。这种制度保护了技术工业的传承。日本企业通过企业培训，培育出优秀的日本工人；反过来，日本工人由于终身雇佣制的作用，对所服务的企业有非常强大的忠诚度。而且，日本工人的薪水是根据年资确定的，年资越高薪水越高。因此，是忠诚度、责任感以及对企业的归属心，创造了保障日本产品品质的土壤。

再讲到美国，美国的劳动力雇佣主要由市场竞争主导，因此美国工人的流动性是最大的。美国还有工会制度，给美国整个工业企业带来了沉重的负担。因此美国工人的质量水平，跟日本、德国相比还是差一些。

第三个阶段是加大打假力度。

现在日本是怎么做的呢？日本人打假靠社会压力，而且这种社会压力已经深入人心了。一旦发现造假，企业很有可能破产，甚至如果当事人自杀也没人同情，只会认为是以死谢罪。德国打假靠规则，德国人对于规则的尊崇，已经到了一个不可思议的地步——只要定了德国人就会去遵守。如果出现违反规则的事情怎么办呢？罚款甚至坐牢。美国打假靠什么呢？美国没有日本的社会压力。遵守规则的程度，当然比中国人好很多，但是远远不如德国人。怎么办呢？靠严刑峻法！所以美国在1984年和1994年分别出来两套法律。各位注意，1984年制定了《美国假冒商标法案》，1990年通过了《对违法罪犯的制裁和执行法律法案》，加大了执法力度。在美国，企业造假售假第一次被发现，最高可罚款200万美元，监禁十年；第二次被发现，最高可罚款500万美元，监禁二十年。

所以各位请注意，日本通过社会压力、德国通过制定规则、美国通过严刑峻法加大了打假的力度。换句话讲，美国、德国、日本，为什么能够走出假冒伪劣产品的阶段，基本上是通过三板斧的政策：第一板斧是提高产品质量，第二板斧是提高劳工质量，第三板斧是加大打假力度。我觉得他们的三板斧政策值得我们政府重视和学习。

第三篇

"新经济"盛名难副，经济体内的虚火

▶ **第十一章**

马云——一个时代幸运儿的故事

▶ 马云有三大宝贝：1.支付宝；2.阿里巴巴；3.淘宝和天猫。它们分别是因为什么而成功的？真的就只是自身的因素吗？

一、国有银行的问题给了支付宝空间

马云无疑是成功的，成功的背后是必然还是幸运呢？在我看来，马云更像是时代呼唤的一个幸存者！我们先谈马云成功的三大法宝。第一个叫支付宝。各位朋友请记住，支付宝的成功一定是因为中国的特殊的国情成就的。为什么这么说？原因有两个。我先谈第一个，也就是国有银行的垄断以及创新落后。

我们先做个对比。在美国买东西用什么工具支付呢？首选是信用卡支付。无论你是在网上购物还是电话购物，又或者是你去商店逛街购物，如果你不满意商品的品质，或者下单后商品没有给你寄到，怎么办？在我们中国肯定只能去找商家理论，至于有没有效，那是另一回事了。如果是在美国，你可以打电话给信用卡的发卡银行，告诉他们我对这个产品不满意，或者说货物根本没有寄到。那么，信用卡发卡银行会主动帮你取消这笔交易。如果发卡银行不取消这笔交易的话，他要承担赔款的责任，而不是持卡人或者说消费者个人承担赔款。

问题来了：我们国家有没有这种信用卡的便利性呢？答案是没有。我们垄断的国有银行才懒得替你承担这些麻烦事呢！作为一个消费者，假如你打电话给我们国有银行信用卡部门，说我有个货物没收到，或者说我对商品的品质不满意，你猜他们会怎么回答你？要放在以前，不骂你就是好的。虽然现在有所进步了，大概也是告诉你这不关银行的事，让你去找商品卖家。而美国的信用卡体系，它的服务是非常到位的。消费者使用信用卡付款非常方便，而且根本不用担心被诈欺，也不用担心收不到货，因为信用卡背后有个完善的信托。

在美国，发个短信就能转账，所以支付非常方便。还有几家银行甚至提供了更便利的服务。比如，你开出来的支票，只需要用 iPad 或者手机拍个照片，然后上传到银行的业务平台上去，银行就会立即帮你做支付。我们国内银行的服务落后到什么地步呢？我相信我们许多人都没有见过支票，因为我们银行对个人支票业务的门槛设得比较高，且无动力推动——他们懒得替客户做这种服务！

国有银行的这种垄断，加上创新能力极为薄弱，自然就为支付宝的诞生创造了土壤。为什么？原因就在于我们没有一个好的信用卡系统，我们还缺乏一个创新的支付产品。另外我们国家还有一个特殊的情况：我们中国人的信用普遍很差的。坦白讲，我们中国人不是太讲信用，买货的人怕卖家不给发货，卖货的人怕买家不给付钱。那怎么办呢？最后马云搞出个第三方支付，用来弥补银行服务的缺位，用来解决网上交易买卖双方的不信任。

如果我们能像美国一样有张信用卡，可以随时取消交易的信用卡，支付宝可能就没有存在的价值。支付宝之所以存在而且取得巨大成功，原因不外乎这两点：第一，国有银行的垄断，加上它创新能力薄弱。给支付宝提供了成长空间；第二，国内缺乏良好的信用环境。举个例子，在美国社会环境下，卖家根本不怕消费者不付款，消费者也不担心卖家不发货，原因就在于美国是一个非常注重信用的国家。每一个美国人都有一个属于他的唯一的社保号码，这个号码将伴随他的一生，所有的个人信用记录都与这个社保号码绑定。租房子要信用记录，租车要信用记录，银行按揭要信用记录，衣食住行各方面都需要信用记录。因此，在美国，无论公司还是个人，都非常注意维护自己的信用记录，担心自己的信用记录一旦不好，会影响到日后的生活品质。在这样一个环境下，消费者不可能不付钱，因而卖家不用担心，消费者也不担心卖家不送货。有这样一个信用体系做支撑，每一个人都能够自觉完成自己应该做的工作。

我们确实有征信系统，可是目前服务较差，一般人都用不上。那怎么办呢？只有透过一个第三方的支付宝，才能让交易的双方感觉到彼此的利益得到了保障。随着交易越来越频繁，支付宝的成长空间在扩大。一个优秀的企业家——马云看到了这个机会，因此他成功了。也就是说，支付宝的成功，不是说明马云有创造力，而是一个特殊的国情所孕育出的一个必然结果，是时代创造了马云这个幸存者。

二、小小商贸企业也渴望高效便捷服务

再来谈谈第二个法宝——阿里巴巴。你认为阿里巴巴是一个什么样的网站？它是一个小商小贩的国际贸易场所。讲更具体点，它是小制造业企业的国际贸易集散市场。那么，阿里巴巴有没有存在价值？当然有！类似的网站在别的国家有没有呢？都有的。比如说，在欧洲，类似的网站非常多。为什么阿里巴巴在中国做得格外风生水起呢？

中国有一个特殊国情，由此孕育了阿里巴巴成长的空间。它包括三个方面：

第一个方面，我们商贸企业报关税的流程非常复杂。在欧美地区或者香港，报关相对简单，而在中国则需要填写一大堆单子。针对这种情况，阿里巴巴就提供了一个非常优秀的服务，可以使阿里巴巴的用户，也就是从事贸易的这些厂商减少非常多的文件处理成本。

第二个方面，我们缺乏既精通外语又精通国际贸易的人才。以德国为例，德国一家典型的小型公司，里面一般会有几个人会讲流利的外语的员工，专门负责国际贸易、国际营销。我们中国内地的小型企业是不是这样的呢？一般的中小型制造业企业有没有可能用高薪聘请这样的人才呢？就算这些企业肯用高薪聘请，我们有没有这种人才呢？我们的教育体系能不能培养出既精通外语，又精通国际贸易的人才呢？我不敢讲没有，不过对于庞大的中国贸易需求来说，对于我们众多中小企业的需求来说，我们精通国际交流和熟悉国际贸易规则的人才是明显不足的。阿里巴巴在此又给中小企业提供了非常好的平台。

第三个方面，我们缺乏帮助厂商拓展国际贸易空间的商会。我仍以欧洲为例，

欧洲各国如何推广国际贸易？欧洲各行各业的商会担负着重要的使命。只要商会能够成功地在某一个国家推广，那么商会下属的企业都有机会能够在这个国家分一杯羹。因此，商会扮演着极其重要的角色。而中国的商会，大概就办办活动、请客吃饭比较擅长。我们的商会有尽到商会拓展国际贸易空间的责任吗？坦白讲，我不敢说一点也没有，但是确实令人失望。

以上这三个原因孕育出阿里巴巴成功的空间，而且它也成功了。这就是所谓的时代创造英雄，时代创造出了一个幸存者。

我们从另外一个角度来看，阿里巴巴真的有这么神奇吗？我给你举个反例。阿里巴巴能不能应付大单的交易？举个例子，比如说钢铁、水泥等大宗期货交易，阿里巴巴是做不到的。再举个例子，目前交易量最大的行业是电子元器件。目前谁做得最好？安富利做得最好。这个产业链过长，过于复杂，且电子元器件交易过于庞大，阿里巴巴目前是无法应付的。就算是非高科技的产品，当面对一个大型销售网络的时候，或者大型销售商的时候，阿里巴巴还是不能应付。比如说运动鞋这种低科技的产品，阿里巴巴能够应付吗？耐克的外包产业链是谁负责的？是由香港利丰帮助构建的，而阿里巴巴却没法做到。阿里巴巴所提供的服务，没有覆盖到大型公司或者服务产业链的梳理工作，没有办法应付这种产业链分工极其复杂的状况。阿里巴巴成功有它的原因在，也即前文所讨论的三点原因，但是阿里巴巴没有办法做到大宗物资、大型产业链等的交易平台。所以，坦白讲，阿里巴巴也并没有我们所想象的那么神奇。

三、办公室购物的职场亚文化

第三个是淘宝和天猫。美国有没有类似于淘宝或天猫这样的网站呢？其实美国也有类似的网站，甚至淘宝还是模仿美国网站的模式设立的，只不过"橘生淮南则为橘，生于淮北则为枳"。美国的亚马逊也是在线购物网站，亚马逊有个独立网站，就像淘宝一样进行交易的，这个独立网站的交易总量甚至超过亚马逊本身的交易总量。在中国也有其他电商网站，比如京东、当当等。我感兴趣的问题是，它是怎么成功的？为什么中国能够孕育出一个淘宝和天猫？除了前文我们分析的原因之外，还有另外一个特殊的原因——办公室购物的职场文化。在中国这个特殊的文化结构之下，一个必然产物就是淘宝。请你想想看，我们大部分中国人是什么样的人？第一，口袋很浅，钱不多；第二，意见却很多，尤其对价格的意见最多。而且你注意到没有，我们有个劣质的办公室文化。

　　也就是说，早上9点必须来上班，5点（或6点）才能下班。包括国有企业员工，甚至政府雇员在内，所有的上班职员，在早上9点到下午5点之间，必须值守在办公室里。你可以上网购物，可以上网去娱乐，甚至玩电子游戏，但是必须得坐在办公室里。这个就是职场文化的病态！请你想一想，这样一群口袋不深、钱不多，而意见又很多的一群人，天天待在办公室，哪一种购物方法最适合他们？你能够跑出去购物吗？下午5点钟下班了，你还要回家做饭带小孩，你有时间购物吗？你不可能有时间购物了。你能购物的时间基本上就是从早上9点到下午5点。可是这段时间还要上班啊！怎么办呢？刚好趁着上班的时间在网站上浏览大量的网上商店，然后挑选一个便宜、买得起的产品，你可以货比多家，甚至看看网上的评论，比较分析。这样一个环境，又孕育出类似淘宝或者天猫这样的企业的成长空间。又是时代造了英雄。这英雄是谁呢？他就是幸存者马云。像淘宝、天猫这样的网站具有天然的垄断性，只要出现了一家成功的企业，其他类似的企业要竞争是非常难的。所以马云第一个做淘宝，别人就很难进入这个市场，除非别的企业能够突破，能够超越淘宝。

四、没有马云，也会有李云、王云

　　社会上有相当一部分人把马云称为中国伟大的企业家，甚至有人评论他是中国最伟大的企业家。我想提一些不同的看法。当然了，马云走到今天是成功的，但是我的结论非常简单：马云称不上是一个伟大的企业家，因为他是在中国这种恶劣的营商环境下面的一个特殊的幸存者。在我看来，他是一个极好的 CEO，但是并不是一个伟大的企业家。为什么这么讲呢？当然有我的论据。我给各位介绍一个基本观念。一个人的成功，小成功赚小钱靠拼命，大成功赚大钱要靠命的。我觉得马云这个人是个极其优秀的 CEO，他受到命运的垂青，趁着我们中国的特殊国情，孕育出支付宝这样一个业务，并成就了阿里巴巴以及淘宝等。在这个意义上，今天就算马云不出来，也会有李云、王云冒出来。为什么？因为这个时代呼唤英雄。在我看来，是这个时代在呼唤着一个英雄，而这个英雄就是前几年创业大军中大浪淘沙剩下来的幸存者。时代呼唤幸存者，就是我对马云整个帝国的一个评价。

为什么我一再强调这句话？请各位注意，CEO 的作用是非常大的，一个公司的成败，跟 CEO 息息相关。马云刚出道的时候，我相信他日子肯定是很困难的，否则为什么不在北京、上海混呢？

上海、北京是干什么的呢？它们可以孕育出携程，孕育出百度等，但马云跑到杭州去做企业，个中的辛苦滋味不是一般人能想象的。马云这个人代表的是中国互联网行业经过磨炼、经过洗礼的这么一批企业家。当然了，马云个人的才华那是一定有的，个人的才干加上他肯吃苦耐劳的精神，再经过一番竞争淘汰之后脱颖而出，他的确是个优秀的企业家。

但是请问：这叫伟大吗？这叫幸存者！什么意思呢？也就是说，在竞争这样激烈的社会里面，马云脱颖而出了，而且刚好碰上了互联网时代的来临。孕育互联网巨头的土壤都具备了：第一，银行业存在问题，缺乏创新力，以及征信系统落后，为支付宝的孕育提供了条件；第二，报关流程复杂，出口外贸单据过多，我们当下的教育体系，没有办法培养足够的外贸人才；第三，我们商会也没有尽到自己的责任。这三个原因促成了阿里巴巴的成长。当然了，阿里巴巴对于我们制造业小企业做外贸是相当有帮助的一个平台。与此同时，我们也应注意到，阿里巴巴做不到像安富利以及香港利丰所做的整条产业链的管理。

阿里巴巴的成功还有中国特有的文化方面的原因。中国有一群口袋不深，意见挺多，而且又不得不坐在办公室的职员，最好的购物选择就是从网上购物。这导致了淘宝和天猫的成功。阿里巴巴有没有竞争对手呢？当然是有的，比如说前文提到的京东，就有超过阿里巴巴的物流管理体系。京东的身上具备超越阿里巴巴的优秀基因。不管怎么讲，马云是成功的。但马云的成功有他幸运的一面。马云本身就是一个有才干、肯吃苦耐劳的人，经过竞争磨炼之后成为幸存者。马云的成功有其必然性，但马云巨大的成功有其历史偶然性。马云是优秀的企业家，我尊敬他。可是我的结论是：我们的时代创造了幸存者，马云就是这个幸运儿。

▶ 第十二章
电商之花盛开在实体经济的伤口上

▶ 中国电商的发展，不是因为它是一个进步的业态，而是因为它的竞争对手太弱了，它的对手是高税费、高房租的实体店。

▶ 在一个只有电商蓬勃发展而制造业衰退、实体零售业衰退的经济环境下，我们有什么值得喜悦的？

一、从实体店的式微看阿里巴巴神话

为什么阿里巴巴这么牛呢？实际上，这几年中国经济有下行的压力。2015 年 9 月李克强总理在达沃斯论坛也表示中国经济的确受到下行的压力。有一组数据可供读者参考：2014 年 8 月份电力的增长率 -2.2%，而其中火电增长率 -11.3%，而上半年火车运输增长率为 -2.5%。既然如此，为什么网购却是一枝独秀？当所有人的目光都关注在双十一活动期间的天价成交额时，我们还是要回归到事物的本质问题上，看看阿里巴巴是如何在经济下行压力加大的时候获取成功的。

我们通过比较中外网购的差异来寻找问题的答案。先来看中、美、欧三个国家和地区的网购额分别占全世界网购总额的比重。在 2006 年，当时中国的这一比例只有 1.2%，整个欧洲占到了 36%，而美国占了 42%。从 2006 年开始一直到 2013 年，欧洲的比重是维持不变的，从 2006 年 36% 一直到 2013 年竟然也是在 37% 左右。这是非常稳定的结构！而中国跟美国却是大为变化：中国逐渐取代了美国的地位，从 2006 年的 1.2% 一路增长到 2013 年 24%；美国从 2006 年的 42% 一路降低到了 2013 年的 21%。到了 2016 年，中国电商营业额为 9750 亿美元，而美国是 6480 亿美元。而按照预估，欧洲市场的电商营收约为 5100 亿欧元，也即 5420 亿美元。至此，中国排到了第一，并且与欧、美的差距已经很大。

让我以美国人为例。什么人会去网购呢？一般美国老百姓买衣食住行用的各种生活用品时，他们都会去各种不同的折扣店，我们最熟悉的是沃尔玛。其实美国有很多不同的折扣店，而且非常便宜。我还记得有一次看到媒体报道一双中国制造的靴子，大概是 2.99 美元，折算成人民币大概 20 元。我当时看了都不太相信这个媒体的报道，但是确实是大打折扣，就是这么卖的。所以在美国有很多的折扣店，美国人可以去买东西，他们在网上基本上只买电子书跟软件。

中国不一样，什么东西都在网上买。我们再来看一个数据：中国人进行网购的比例（或者说网购普及率）只有30%，而美国、日本、欧洲最多可以到达80%，最少也有50%，是中国的两到三倍。可见，中国网购普及率正处于快速提升期，而欧美的网购人口比例已处于稳步增长期甚至饱和期。而且中国人口基数大，欧美人口基数小，他们怎么可能创造出如此大的一个阿里巴巴呢？除此之外，中国还有两个特殊的国情是欧美国家所没有的。

一是进入中国实体店的商品需要经过非常多的流通环节。比如说，产品从制造厂商开始到大区的代理一直到省的代理，然后到市以及县的代理，再到零售，最后到消费者，要经过五个环节，每一个环节都要抽税，每一个环节都有自己的利润。所以加在一起最终价格就是不得了的价格。这个和别的国家是不一样的。

第二个方面，我们的税费很多。各位知道开一个店要收多少税吗？如果只是增值税的话影响不大，问题是我们不只是收增值税。我们的销售流通领域有五大环节，每一个环节都有各种各样的税费。欧美各国只有一种增值税，有多少流通环节都无所谓，到最后交的税是一样的。再看看我们香港。香港的零售店只收一种税，叫做利得税，16.5%。如果你不赚钱那就不收税，赚钱抽16.5%的利得税。

税费负担重，使得实体店的价格比网购高出很多。我找几个有名的品牌跟各位做一个解说。比如七匹狼的T恤，实体店卖499元，网购价格为259元；雅戈尔的西裤、安踏的鞋子、鸿星尔克的鞋子、稻草人女包、《2012—2013中国证券投资指南》、三星手机、OPPO手机等，毫无例外，实体店价格都比网购价格至少多了30%—70%。鞋子的折扣可以达到70%，书籍也可以达到30%。网站上面还有一些完全没有名的品牌，价格非常便宜。比如说，一件T恤20块，一双袜子5块。我看到这个报道之后，我以前也叫我的助理去网站上买了5块钱的袜子。我也想穿穿到底什么感觉，就算穿一次坏掉的话也没有关系。你知道为什么吗？

你到好一点的酒店去洗袜子，洗一双袜子要 25 块，便宜的话要 15 块，这个洗袜子的钱可以买几双新袜子，所以还是买新的袜子划得来。这就是中国网购的可爱之处。实体店的税费负担重，使得实体店面商品的价格远远高于网购商品价格。而当现在经济进入新常态后，老百姓想花更少的钱买东西，但是又不想牺牲品质，所以就更加倾向于网购。这就是为什么中国的网购可以以这么惊人的速度增长，出现一个前所未有的阿里巴巴的原因。

不过近些年我们政府在税收改革方面做出了很多值得肯定的工作。2016 年 5 月我国全面推开营改增试点，2017 年营改增政策新增减税明显增加，2017 年共减税 9186 亿元，比 2016 年增加 3450 亿元。在 2018 年 1 月 17 日举行的中国全国税务工作会议上，国家税务总局局长王军表示，中国自 2012 年实施营改增以来已累计减税近 2 万亿元。随着政府在税制改革方面的不断推进，我对未来实体店的发展充满希望。

二、红火电商的背后，一将功成万骨枯

如此火爆的电商使得我们不由得感叹：电商会不会取代地产成为明日之星？电商会不会成为中国的支柱产业？我想请问读者朋友：真到了那么一天，你觉得中国会是一个什么样的中国？是一个红红火火、欣欣向荣的中国吗？我觉得我们把电商抬得太高了。我这么讲肯定很多人是不服气的，马云、刘强东的粉丝数量可是不少的。那么我们来让数据说话。你干吗去网购？因为比实体店便宜，这个道理大家都懂。

网店真的比实体店便宜吗？我们先看看美国的情况。美国非常有名的一家公司肯特零售（Kent Retail）在 2012 年做过一个调研。肯特零售调查美国人最常买的"一篮子"商品的价格，其中的三个调查对象分别是沃尔玛实体店、沃尔玛网站以及亚马逊网站。价格最便宜的是沃尔玛实体店，这一篮子货物需支付 428 美

元；第二便宜的是占了沃尔玛销售额 5% 的沃尔玛网店，458 美元；最贵的是亚马逊网店，516 美元。按照这个数据来看，亚马逊网店卖的这一篮子货物的价格比沃尔玛的实体店高了 20.5%，而亚马逊网店和沃尔玛网店相比高了 12.6%。而 2014 年 8 月份由富国银行和 360PI 的研究也做出了相同的结论。也就是说，亚马逊网店的产品价格比沃尔玛网店差不多高 10% 左右。

如果你认为美国的经济算是一个比较正常的经济，如果美国的调查结果有代表性的话，这个数据会告诉你一个相反的结论。美国人购物最便宜的地方是哪里？实体商店！那去网店买什么呢？电子书、音乐、视频、软件，就买这几项为主。一般的产品，包括电子类的产品，基本上都是到实体店去买。为什么？因为在美国的实体店购买最便宜。这个道理非常简单，网店还有很多成本各位知道吗？例如运输成本。如果你到实体店买的话，自己开车前往的汽油钱是不用实体店支付的，但是在网店购物的话，运输费这个成本就要考虑进去，所以它价格必然高。这是一个必然的逻辑。

讲到这里，很多读者朋友可能还是很不服气：我就是不想听美国的，中国的网店就是比实体店便宜！那我们再来看第二组数据。我找了纽约实体店、京东网店和北京实体店作个比较。我找了以下商品：李维斯（Levi's）牛仔裤，纽约实体店卖 256 块人民币，京东卖 500 元，北京的实体店里卖 699 元；耐克鞋，纽约卖 250 元，京东卖 400 元，北京实体店卖 799 元；Coach（寇驰）包，纽约实体店卖 640 元，京东卖 1500 元，北京实体店卖 2000 元；13 英寸苹果笔记本电脑，纽约卖 8042 元，京东卖 8588 元，北京实体店卖 9288 元。各位朋友看清楚，在我们京东或者其他网店买的产品比美国实体店还要贵，这个价格叫先进模式吗？但为什么阿里巴巴能够取代我们的实体店呢？为什么有人可以认为这是一个进步的模式取代落后的模式呢？为什么马云可以发下豪语 2020 年之前要干掉 50% 的零售店？你真的以为这是一个进步吗？错了！完全错了！中国实体店太可怜了，根源在于这两个负担：第一个负担是极高的租金，第二个负担是超重的税费。

我们先谈租金。央视曾经在北京做过一个关于星巴克咖啡价格的调查。央视那位记者朋友做了调研发现，售价一杯 27 块钱的拿铁咖啡，纸杯价格大概 1 块钱，咖啡豆大概 1 块 6，牛奶大概 2 块，加在一起 4 块 6，还不到 5 块，却卖到 27 块，所以说它是暴利。这个记者朋友的水平实在让人不敢恭维！一看就是没有学过会计学。

今天我告诉各位，我们做更深入的调查发现什么你知道吗？ 27 块拿铁当中你们猜一下房租占了多少钱？ 13.2 元！而那位记者的调查说，在美国，星巴克咖啡店拿铁的售价约合 20 元人民币。我们也做了调研，发现美国星巴克的房租折算成人民币只占了 7.6 元成本。换句话讲，以星巴克咖啡为例，如果美国是 100% 的话，我们每一杯拿铁中包含的房租是它的 1.75 倍。而且，这个还算是低估的，如果到美国一般的小乡镇的话，房租更便宜。

这就是我们实体店卖的东西贵的原因：不是我们实体店落后，而是税费太多，并且房租太高。而我们的网店的对手就是可怜巴巴的实体店。我们的电商一般而言不用交那么多税也不交房租，网购的价格当然就比较便宜。难道我们的实体店是一个落后的业态吗？我看未必！

既然电商不怎么交税费也不交房租，又怎么会比美国的实体店还要贵呢？这个道理非常简单。我以沃尔玛为例。沃尔玛是标准的 B2C，它的进货量大得不可想象，比亚马逊大得多。有什么好处？规模经济，进货成本非常低。所以沃尔玛能以最低的成本从厂家获得产品，通过沃尔玛实体店卖给老百姓。我们的电商呢？我以淘宝为例。很多淘宝网上的小商户都是几万元的周转金，做的是二三级的代理。即便是天猫，入住的商户大多也是小商贩。像韩都衣舍、七格格这种有自己的品牌、设计、加工厂的，那是极少数，一般都不是这样子的。我们是什么模式你知道吗？批发然后加价卖给消费者，没有任何的规模优势，没有任何的规模经济优势，所以价格当然比较高。而且网上很多的东西，比如说苹果手机、苹果电脑从哪里来的？从香港或美国进口的对不对？怎么可能会更便宜呢？这就是到最后你发现中国网购的价格是比美国的实体店还要贵的原因。中国电商的发展不是因为它是一个进步的业态，而是因为它的竞争对手太弱了——它的对手是高税费、高房租的实体店。是我们高税费、高房租，孕育出一个畸形的电商发展。

而且，我们的电商发展到什么地步？以双十一为例，这么多货物是向多少电商买的，占1%不到吧？大部分电商都是亏损的各位知道吗？也就是说，今天中国电商完全是以价格竞争为手段的。这个太可怕了。我没有看到我们电商展现出一个世界一流水平的管理模式、成本控制机制，看到的是一个杀价竞争的主战场。"双十一"搞完了再搞"双十二"。你这叫一个先进的模式吗？不是！而是一种杀价竞争的恶性循环。

美国实体店，以沃尔玛为例，占了全部销售额的95%。他们的电商则是缓慢发展。以沃尔玛电商为例，只占了沃尔玛商品销售额的5%。两相对照，请问我们有什么值得喜悦的？在一个只有电商蓬勃发展而制造业衰退、实体零售业衰退的经济环境下，你有什么值得喜悦的？

三、阿里巴巴如何做到高效低价？

阿里巴巴是一个C2C的平台，让小商贩借助这个平台做生意。为什么阿里巴巴能够吸引这些做生意的小企业入驻呢？经过郎教授研究，发现它有三板斧，使得阿里巴巴的网购业务非常好，成就了阿里巴巴超过2000亿美元的市值。请各位想想，对于所谓的草根创业者而言，你追求的是什么？有三项：第一，资金；第二，平台、渠道；第三，消费者对你的信任。不具备这三个条件是根本不可能成功的，而阿里巴巴提供了中小企业创业的这三个条件。

第一，提供资金。一般草根创业者，怎么可能能在银行借到钱呢！银行不可能借钱给这样的创业者。截止到2014年年底，阿里巴巴总共向64.2万个草根创业者提供资金，总金额1722亿元。各位猜一下利率是多少？平均6.7%的年利率。各位朋友再猜一下，银行大客户贷款的利率是多少？也就是 6%、7%。换句话讲，阿里巴巴给 64.2 万个草根创业者提供了一个不可想象的融资优惠，阿里巴巴向草根创业者提供资金所收取的利息跟银行给大客户贷款收的利息基本上是一样的。这就直接解决了草根创业者的第一个大困难。

第二，提供平台。大家都知道，淘宝、天猫是阿里巴巴为中小企业提供的交易平台，但阿里巴巴为中小企业提供的平台不只是交易，阿里巴巴还使得中国的快递行业迅速发展。2014 年，淘宝跟天猫的包裹数量达 50 亿个，占了全国快递行业的 54%。庞大的网络购物市场使得中国快递的增长率全世界最高，达到惊人的 43.5%。从北京到广州送一件货品，基本上两三天就到了，超过三天那就算慢的了。可是在美国，从东海岸到西海岸没有一周时间，商品是送不到的。也就是说，阿里巴巴不但提供了淘宝跟天猫的购物平台，还提供了全世界最高效的快递物流系统，而这个系统就是以 C2C 为主的系统。这不得了。

第三，解决消费者对商户的信任问题。因为草根创业商户根本没有名气，消费者想购买商品时缺乏一个基本的信任，多半不会做出购买决定。那么怎么办呢？于是乎支付宝横空出世，解决了消费者对商户的信任问题。消费者收到货物并检查确认后，再授权支付宝向商户付款。这帮了这些草根创业者多大的忙啊！他们正愁消费者对他们不信任呢！而通过支付宝支付可以博得你的信任。到了 2015 年第一季度，通过支付宝的支付金额高达 3.87 万亿，日均支付量 106 亿，是中国日零售总额的 1/6。你看吓不吓人？阿里巴巴通过三板斧，包括资金、平台与消费者的信任，替草根创业者打下了一片前所未有的江山。

四、最高效的物流体系，京东造！

京东不是 C2C，它是 B2C。京东为了在网上卖东西，为了在竞争中获胜，它竟然发展出了全世界最高效率、独一无二的一个物流系统。京东的 B2C 物流系统和 C2C 的是不一样的。我举一个例子。什么是与 C2C 配套的物流体系呢？比如说顺丰快递就是。京东的物流体系是轮轴型的、发散型的，就是由仓库向各方向来发送，而顺丰是网络型的。

什么意思呢？你要是想用顺丰发快件，可以打一个电话给顺丰快递的业务员："我在某某位置，想寄送一个快递，你上门来取件吧。"然后你再要求顺丰快递将货件寄送到某某地点。顺丰快递就是这样，利用他们的快递大军，收集分散在全国不同角落的包裹，再寄送到全国各个角落。这就是以顺丰快递为代表的网络型的物流配送体系。但是每一个收货员根本不知道什么时候会接到电话，也不知道下一单货是在什么位置，更不知道重量是多少，当然也不知道里面是什么东西，收货员会腾出 30% 以上的空间准备迎接这些不可知的包裹。所以，以顺丰快递为代表的网络型物流配送体系的成本是非常高的。

如果京东使用这种 C2C 网络型的物流配送系统，顺丰快递这样的网络式的、格子式的快递服务，也就是像阿里巴巴使用的快递服务一样的话，京东就要多负担 30% 的空间费。京东是 B2C 类型的网购平台，这不同于阿里巴巴是 C2C 型的网购平台。京东的产品配送是车轮状的，就是从仓库直接发送到每一个个人，因此京东可以省下 30% 以上的物流配送成本。京东所采用物流系统的效率远远超过亚马逊，可以说是全世界最高效的物流系统。

我要再给各位解释一下，京东物流系统的高效率，源自京东物流的三板斧。第一，京东有全国最快的物流系统，2010 年京东推出一个叫"211 限时达"的服务：对于小件货品而言，如果上午 11 点前下订单，下午可以送到；如果晚上 11 点之前下订单，那么第二天上午可以送到。以 2014 年为例，京东已经在 300 个城市实现自营配送，但是只有 31 个城市基本上可以做到"211 限时达"。当然了，有很多的网友也抱怨说："其实也没有那么准确啦！可能有夸大的成分。"没错，这一点我也相信，因为是京东自己宣传的嘛！那么这个准确率是多少呢？据京东自己统计，准时率能达到 98%。有没有这么高我也不知道。但是不管怎么讲，

"211 限时达"本身就是一个效率的象征。亚马逊也做类似的限时达业务，目前才刚刚开始，只在几个城市有这种服务。亚马逊的物流配送效率和京东相比，差别还是很大的。

第二板斧是准确的存货调配。请你记住 B2C 有一个特性：运营者一定要有自己的仓库。京东有 6 个一级仓库，18 个二级仓库，600 个三级仓库，它的配送效率是极高的。以冰箱为例，消费者下了订单之后，什么时候能把冰箱送到消费者家里，是非常重要的。不要说冰箱，就是一本书，要做到"211 限时达"，我看恐怕也要空运了。可是一旦走空运，成本就高不可攀，那是不可能的。京东是怎么做到呢？京东发明了一个前所未有的靠点击率推算订单量的计算方法。

消费者在网上购物之前，通常会点击感兴趣的商品，进行浏览。比如，当一个消费者考虑买一本或者一个剃须刀的时候，他通常先点击、浏览购物网站上关于书籍、剃须刀的页面。根据购物网站的统计，消费者在点击感兴趣的商品展示页面后，他平均有 2.7 天的考虑时间。那么这 2.7 天对于网站平台的物流配送就非常重要。比如说有 100 个人在广州点击了剃须刀，按照过去的数据显示会有 10 个人购买，2.7 天后他们就会来买。那么京东一旦得到这个信息，就根据这个 100 个人的点击，大概有 10 个人会买这个产品的比例，将 10 个剃须刀从其他的二级仓库搬到广州的二级仓库去。2.7 天后，当消费者真正下了订单的时候，京东刚好就近可以实现"211 限时达"的快递服务。

这个靠点击率推算订单量的算法准确度有多少呢？按照京东自己说法，准确率可以达到 92%。当然了，我也不相信京东一定能够做到这么高的准确率，但是 50% 以上的准确率我看还是有可能的，至少这个估算是有历史统计数据支撑的。京东每一个货品，也就是单品库存周转时间是 20 多天。你猜亚马逊的单品库存周转时间是多少？44 天。这是京东的两倍多。所以，京东的存货调拨的效率又是全世界最高的。

第三板斧叫做精细化管理。这个太重要了，能节省成本。比如说快递员打的一个包裹，胶带绕一圈还是绕半圈？如果绕半圈可以的话就不要绕一圈，可以省下一半的胶带，如果绕 1/4 圈更好，你可以省下 3/4 的胶带。而且送货的时候记住，尽量右转不要左转。左转难转右转容易，所以你右转的话不但速度快而且还不塞车，左转速度又慢还塞车。一个城市里的配送路线怎么规划？尽量规划成可以少走红绿灯，不走步行街，因为步行街费事。送货的时候，货品怎么装？是不是小件物品装在前面大件物品装在后面？这些都有讲究的。京东整个配送过程就是一个极为复杂的精细化管理过程，一旦做到精细化管理之后成本就会大幅下降。经过三年的实践，京东的运输成本、送货成本下降了 64%，每一单货目前单价成本是 8 块钱。亚马逊经过五年的精细化管理他们的成本下降 50%，每一单货品的送货成本是 10 块到 12 块钱之间。所以和亚马逊相比京东又占了优势。这就是他们的物流配送三板斧策略。

▶ **第十三章**
小米的互联网思维只是新形式的价格竞争

▶ 格力做的是什么？格力做的是"6+1"的产业链，既有"6"，又有"1"。苹果只做"6"，而不做"1"。"1"给谁做？"1"给代工厂富士康去做。但苹果的研发是最重要的，苹果最创造价值的部分就是研发这一部分。小米只做"5"，既不做最左边的研发，也不做最右边的制造。纯粹是就是其余5个环节的加总，因此小米创造的价值是最低的。

一、小米的创新在流通领域，不在产品本身

在 2013 年 CCTV 中国经济年度人物颁奖典礼上，小米董事长雷军和格力的董事长董明珠打了一个赌，赌注 10 亿元。赌什么内容呢？五年之内如果小米的营业额超过格力的话，那么董明珠要输 10 亿元给雷军，反之就是雷军输 10 亿元给董明珠。我本人认为这个赌本身就非常无聊。为什么无聊呢？小米你怎么敢打赌啊？在我心目中，格力、华为才真正是我们中国制造业的未来。下面我有几组数据来证明我的观点。

雷军为什么敢打这个赌？因为那时候小米做得确实是不错，请看图 13-1。

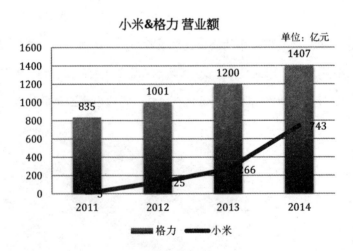

图13-1 小米与格力营业额比较（2011—2014）

柱状体是格力的营业额，折线是小米的营业额。2011年，格力的营业额是835亿元，小米的营业额是5亿元，它们完全不是同一个数量级的。但是到了2014年，格力的营业额是1407亿元，小米的营业额达到743亿元，已经超过格力营业额的一半。根据2014年12月13日雷军在中国企业家领袖会议上的讲话，2015年，小米可以达到1000亿的水平。这么看起来的话，五年之内小米超过格力是有可能的。

再请看下面图13-2与图13-3这两个饼状图。图13-2是2014年第二季度中国智能手机的市场份额。第一名竟然是小米，占14%的份额；第二名是三星，占12%的份额；第三名是联想，也占12%的份额；第四名酷派也占12%的份额。图8-3是2014年第三季度全球智能手机市场份额。各位请看：三星排名第一，占23.8%的市场份额；苹果排名第二，占12.0%的市场份额；小米挤进前三甲，占5.3%的市场份额。跟上一年度同期相比，小米的市场份额增加了接近2倍，由2.1%暴涨到5.3%，这种增长势头是不可想象的。因此，按照雷军的预计，2015年小米的销售额可以达到1000亿元，只比格力的营业额少400亿元。而且，小米的市场在国内排第一，全世界排第三，增长速度又那么快，难怪雷军愿意打这个豪赌。

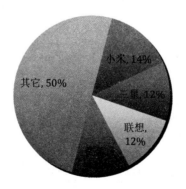

图13-2　2014年二季度中国智能手机市场份额

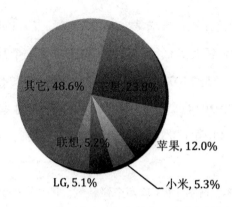

图13-3　2014年三季度全球智能手机市场份额

小米的实际销售额有没有这么多？我以2013年为例，小米宣称售出1870万部手机。可是易观国际的监测结果显示，可能其中有大概500多万部是在黄牛跟渠道的手中。所以真实的销售量是多少呢？大概只卖了1310万部，而不是小米所宣称的1870万部。但不管怎么讲，1310万部也是很可观的数字了。

小米销售量爆增之后，雷军是越想越得意了，感觉极其良好。他搞出了小米的"三板斧"。第一板斧，硬件组装。小米用来组装手机的配件，基本上都是选择各细分领域内最好的产品，比如屏幕来自日本的夏普，芯片来自高通。谁帮小米代工呢？富士康等公司来帮小米代工。因此，小米拥有最好的硬件组装。这一点是小米的第一板斧。第二板斧，粉丝参与。小米在开发操作系统的时候，不断和粉丝互动，吸收粉丝的意见，满足他们的需求。第三板斧，压低售价。也就是说，通过互联网营销赚取非常微薄的利润，大概只有1.8%左右，薄利多销。概括起来，小米的三板斧策略就是：第一板斧硬件组装；第二板斧粉丝参与；第三板斧低价销售。这就是小米的策略。

它把这个策略还应用到别的产品上，比如说小米的电源。一个小米电池容量是10000毫安，卖69块钱，而且只卖一种型号，售价比别的移动电源品牌低了一半。此外，小米还开发了小米电视、小米空调、小米空气净化器等，将小米的三板斧策略应用到不同的硬件产品上。小米的三板斧策略，经过雷军的渲染之后已经成为小米的一个品牌，可以用到非常多的家庭用品上面去。

问题是这样真的就能超越格力吗？所以我想跟各位朋友分享一个我个人的观点。请看图 8-4，"6+1"的制造业产业链。什么是"1"？"1"是制造，像富士康就是"1"。什么是"6"？从左到右，产品研发、原料采购、仓储运输、订单处理、批发、零售。格力做的是什么？格力做的是"6+1"的产业链，既有"6"，又有"1"。苹果只做"6"，而不做"1"。"1"给谁做？"1"给代工厂富士康去做。但苹果的研发是最重要的，苹果最创造价值的部分就是研发这一部分。小米只做"5"，既不做最左边的研发，也不做最右边的制造。纯粹是就是其余 5 个环节的加总，因此小米创造的价值是最低的。

图13-4　传统制造业产业链

我为什么这么说？我想谈谈什么叫做"5+0"产业链。它不像苹果的"6+0"产业链，或者像格力的"6+1"产业链。什么叫"5+0"？它有三大特点。第一个特点，产品品质一定是有问题的。销售市场 2014 年 5 月份的调查结果显示，使用小米手机的顾客当中，只有 23% 是真正喜欢小米的，其他人可能是因为收入不高，所以暂时选择使用小米的产品。使用三星或苹果的用户，有 80% 是因为喜欢他们的产品才购买的。所以，消费者一旦有钱之后，我相信小米的很多用户会转成三星或苹果用户。

二、缺少创新，配方替代不了工艺

我想谈一个什么观念呢？小米的硬件组装听起来是很好的，比如小米选择使用高通的芯片、夏普的屏幕以及富士康的代工。小米的硬件确实不错，这个我们也得承认。问题是，小米的配件虽然不错，但它的工艺水平却没有跟上来。我想以药为例来说明。一般来说，药分成专利药、原研药和仿制药三种。什么叫专利药？就是研发成功之后，在十年或二十年的专利保护期内，只有拥有专利权的制药商才能够卖的药。专利过期之后，原制药企业生产的被称为原研药，而我们中国很多制药企业生产的药就是仿制药。我们以中国仿制药为例。中国的制药厂怎么仿制原研药？因为这个药品的专利已经过期了，制药所需的所有化学成分、原料跟辅料都是公开信息。知道了这些信息，仿制药就能够达到原研药的水平吗？达不到！为什么？因为原研药在整个制作过程有一个长期积累的科技含量。什么意思？第一，制药特殊的工艺仍然是不公开的；第二，质量控制流程的诀窍，生产仿制药的制药厂没有掌握；第三，仿制药没有化合物的晶形。我们可以把化学成分、原料跟辅料，按照配方的比例配在一起，但仿制药生产企业因为缺乏工艺、流程跟晶形，做出来的药效果还是没有原研药的好。因此，我们穷的病人吃的药是仿制药，有钱的病人就吃原研药。手机也是一样，没有什么钱的人用小米，稍微有点钱的就开始用三星或苹果。

其实类似的产品还有很多。比如说农药。从德国、美国进口的农药，它的化学成分都是公开的，配方也很清楚。但我们国内的许多农药厂，由于缺乏刚才讲的工艺、流程跟晶形，用同样的配方做出来的农药就杀不死昆虫，外国的农药就可以。

小米的问题也是一样的。用小米的时候你觉得质量一般，比如说会出现发热、死机、相机发红、回音等问题，同时操作系统越用越慢等。为什么？就是因为小米出现了类似制药领域的工艺、流程和晶形等问题，做不到苹果的工艺水平。这就是小米的第一个问题——工艺水平不过关。

工艺的问题必然导致第二个问题——利润率低。我做了一个计算，将小米手机的售价做一个分解。小米手机的售价是 2000 元左右，我把它分成三大块。第一大块叫做硬件。它确实很贵，夏普的屏幕 181.83 元，高通的处理器 150 元，闪存 172 元，加上其他硬件一起是 1130 元。第二大块，增值税、专利费、海关税加在一起 400 元。那么现在合计是 1530 元了。还有销售成本、人工成本、售后服务、软件开发成本是 434 元。加在一起总共就是 1964 元，所以利润是多少呢？36 块钱，等于 1.8% 的利润率，就这么低。

再来看看苹果——我以 iPhone 6 16G 的版本为例。它的零售价是 649 美元。它的硬件成本是 227 美元，折合人民币为 1400 元。各位注意到没有？这个 1400 元和小米的硬件成本差不多。可见小米的硬件质量水平是非常高的，这一点我们完全承认。除了硬件之外，649 美元减掉 227 美元还剩 422 美元，其中利润为 182 美元，另外的 239 美元是技术软件的授权使用费。也就是说，苹果通过技术软件等创新，创造出接近 30% 的利润率，等于每台手机赚 180 美元的利润。这才是科技界的王者。它是通过研发赚钱的——这就是苹果伟大之处。它不需要做制造，它每一台手机可以赚到 180 美元，是靠研发这一块创造出来的价值。所以它是"6+0"的产业链。

而小米采用"5+0"的策略，它的利润率只有 1.8%。我不管小米的创办者是什么人，至少在我看来，小米就不是一个注重研发的公司。这种公司是不值得被提倡的。

第三个问题又出来了：小米为了进一步降低成本，加上没有核心技术，就会处处受人制约。一开始华为和中兴通讯就告过小米侵权。但在国内知识产权保护不够好，所以华为和中兴对小米的诉讼最后不了了之。到了 2013 年 7 月，小米进军印度市场，问题很快就来了：小米立刻遭到爱立信的起诉。爱立信的官方是这么说的："在过去三年多的时间里，我们一直尝试与小米公司就专利许可授权事宜开展对话，然而小米始终拒绝以任何方式回应。爱立信万不得已只能对此采取法律行动。"此外，小米推出的小米空气净化器，最后也遭到日本空气净化器公司——巴慕达的指控，控诉小米空气净化器在外形设计、内部制造甚至广告文宣等方面，与它之前发布的一款空气净化器高度相似。所以，当小米做大规模、形成气候之后，肯定会受到其他国际品牌的围剿，特别在国际诉讼方面。这就是目前的状况。

所以小米在我看来存在三大弱点：第一，缺乏工艺、流程以及所谓的晶形，因此小米产品的品质就不会太好；第二，小米的利润率太低；第三，侵犯知识产权。

三、小米与格力，谁会笑到最后？

与小米相比，格力有三大优势，因为格力是"6+1"的产业链。

第一个优势是一流的研发能力。其实世界上优秀的企业的研发成本都占了很大的比例，至少都是销售额的3%。我们研究结果显示，格力的研发投入达到了销售额的5%，而且格力有1.4万项专利，有7000人的研发队伍。格力在各方面都有相当大的创新。比如说，2010年7月，格力发布了包括G10低频控制技术、超高效定速压缩机和高效离心式冷水机组等三项空调领域国际领先的核心技术，其主要技术性能指标超越美、日、欧等国际同类产品。2011年12月17日，格力制造出全球首台双级高效永磁同步变频离心式冷水机组，达到国际领先水平。以前这项技术一直掌握在美国人的手中，这次格力冲破了垄断，节能40%，机组效率提升65%，远超美国同类产品。其实早在2009年8月美国《商业周刊》就称格力和华为是中国最具创新型的企业，认为这是中国科技创新的未来。这就是因为在格力的"6+1"产业链里面，格力非常注重研发的投入。

第二个优势，高利润率。这正是由于它注重研发，具备了核心技术。最近数据显示，格力的毛利率是 30%—35%，净利润也达到 10%。可是，中国企业联合会发布的制造业 500 强的数据显示，2013 年和 2014 年中国制造业的平均利润率分别只有 2.23%、2.7%，这与格力相比差了非常多。为什么？只有掌握核心技术、注重研发的团队才能产生如此高的利润率。

而有这么高的利润率，才产生了第三个优势——高市场占有率。格力家用空调产销量自 1995 年起连续 20 年位居中国空调行业第一，自 2005 年起连续 10 年领跑全球。

但是，进入 2015 年以后，似乎格力陷入了多元化的泥沼。2015 年董明珠高调宣布要做格力手机，2016 年 3 月 6 日，格力电器发布公告称，拟收购主营新能源汽车的珠海银隆新能源有限公司。问题是格力之前的技术研发、人才储备、销售渠道、推广方式等都属于家电行业。盲目多元化的结果是，格力 20 年来首次遭遇营业收入和净利润的双双下滑。根据其 2015 年年报，营业收入 977.45 亿元，同比下降 29.04%；净利润 125.32 亿元，同比下降 11.46%。据美的与格力这两家企业 2016 年前三季季报显示，美的在营收、净利、营收增长率、净利增长率、每股收益、现金流以及总市值七大指标已经全面超越格力电器。

不过，2016 年 10 月底，格力电器临时股东大会否决了收购银隆并募集资金的整体方案。11 月 16 日，珠海银隆发函告知格力电器，调整后的交易方案未能获得珠海银隆股东会审议通过，珠海银隆基于表决结果决定终止本次交易。

这说明格力最终还是坚持了曾经的理念，就是不搞多元化投资，注重研发，脚踏实地把本职工作做好。

华为、中兴也是一样。我相信这些企业才是值得我们学习的。因此，一个企业可以做 "6+0"，也可以做 "6+1"，但研发才是我们制造业往前走的最大生命力所在，因为只有研发才能够像苹果、格力一样创造如此高的回报率。一个企业要达到百分之二三十的利润率，只能依靠研发。我们中国不是不能做，我们可以做，只是我们的外部环境还缺少对这方面的推动，比如说知识产权保护还不够。

　　因此我想呼吁：政府有关部门应该在知识产权保护方面引进和借鉴国外的制度，加大惩处力度。只有这样，我们才能够真正带动一批具有创造力的企业成长起来，才能激励一批企业加大研发投入，而不是只有格力、华为等少数的明星企业。

▶ **第十四章**

移动支付走红要感谢金融服务缺位

▶ "支付宝+余额宝"对垒"财富通+理财通"，这两个不同种类的支付系统会彻底改变我们老百姓的生活习惯。

▶ 但为什么日本、美国并没有产生类似支付宝、财富通这样的支付系统呢？

一、夹缝里杀出来的支付宝

2014 年可以看作是移动支付元年。这一年初，腾讯、滴滴打车组合与阿里、快的打车组合间的补贴大战就斗得不亦乐乎。2014 年 1 月 4 号，腾讯旗下的微信首先推广滴滴打车，到了 1 月 10 日左右开始推出打车补贴。也就是说，出租车司机每使用滴滴打车客户端软件接一次单，腾讯就给出租车司机师傅补贴 10 块钱。到了 1 月 17 日，补贴进一步升级：除了减价 10 块钱之外再给司机师傅 10 块钱，这是个力度很大的优惠。

阿里巴巴的支付宝也不甘示弱。它有个合作伙伴叫做快的打车，阿里巴巴和快的打车的补贴有什么不同？本质没什么不同，就是力度更大一些：给司机师傅再多加 5 块钱，每单补贴 15 块钱！滴滴打车赠送 10000 个随机免费的优惠，支付宝就搞了 10001 个随机免单优惠。两个组合之间展开了白热化的补贴竞争。

就这件事，我询问过出租车司机。他们告诉我，他们比较喜欢滴滴打车。我问为什么。司机师傅说滴滴打车的软件用起来比较方便，用户一旦输入数据，软件会给出一个地图，而快的打车好像就没有这么好用。当然，我无意说谁好谁坏，不过我可以说这个插曲，因为这是出租车司机亲口告诉我的。这就像微信红包，用起来比较方便，而支付宝可能需要在技术方面再加强一下。

今天消费者使用微信红包，使用滴滴打车，用的是什么系统？这其实是一个网购系统。我刚才讲了，马云的快的打车用的是支付宝系统，或者叫支付宝模式，马化腾的滴滴打车用的是财富通模式。马化腾的财富通和马云的支付宝内涵是一样的，都是把钱先打入支付宝账户或者财富通账户，然后再去搞滴滴打车，再去搞微信红包等。一个支付宝，一个财富通，两个支付系统之间展开竞争。因为这两个支付系统都有庞大的用户群体，因而牵涉的金额比较大。所以，马云在支付宝的基础之上又搞了一个余额宝，也就是说，用户存在余额宝中的钱，由余额宝进行打理，每年给用户 4%—5% 的利息。余额宝从 2013 年 6 月推出，半年时间就汇集了 2500 亿的资金。这个资金链庞大到不可想象。马化腾的财富通也搞了一个理财通，和余额宝是一马子事儿。财付通是 2014 年 1 月 15 日开始启动，到了 1 月 28 日，财付通也有几百亿资金在里面，也是付给用户 4%—5% 的年化利息。

阿里巴巴和腾讯这两家公司在市场上形成了一个对立的双寡头垄断局面。"支付宝 + 余额宝"对垒"财富通 + 理财通"，这两个不同种类的支付系统会彻底改变我们老百姓的生活习惯。这两个支付系统会彻底改变我们衣食住行、娱乐等各方面的支付习惯。比如说，一对男女朋友去看电影，过去肯定是拿现金买电影票，然后进电影院看。过去买衣服用现金或银联卡比较普遍，使用信用卡的朋友还比较少，多数用银联卡刷一下或者拿现金支付，吃饭也是使用银联卡跟现金为主。这是我们过去传统的生活模式或支付模式。我们的衣食住行、娱乐基本上是以现金、银联卡加上少数的信用卡作为支付工具的。支付宝和财富通出来之后就不一样了。以后我们的衣食住行、娱乐就可以通过手机支付宝或者微信进行支付。我以支付宝为例。你要买电影票，你就发一个无线信息给支付宝，说我要付钱给电影院买票，然后支付宝再发一个信息给银行进行转账。坦白讲，这个业务跟微信红包是一模一样的。你怎么发红包的呢？先把财富通里面的钱打到红包里面去对不对？打进去之后发了红包，我收到红包之后怎么拿到红包里的钱呢？我也得跟我的银行账户关联到一起。所以你看，银行账户和财富通关联到一起之后，把一笔钱打进财富通系统里面去，叫做微信红包；微信红包发出去之后，我要拿到现金，又要跟银行卡绑在一起。

所以这整个系统是一套复杂的系统。为什么这么复杂呢？我以微信为例。如果我们以后的支付习惯，衣食住行、娱乐统统变成以微信支付，那么手机没电怎么办？当地的餐厅或者电影院万一没有无线网络怎么办？这个就非常严重了。

　　所以当我们谈到滴滴打车的时候，谈到支付宝等问题的时候，我们只看到方便的一面，却没有想到，和日本、美国的支付系统相比，我们的支付系统复杂的一面。为什么复杂呢？因为我们的银行跟银联是垄断的。他们的垄断使得我们不得不用支付宝或者财富通来作为我们的支付工具。这是一种非常迂回、非常复杂的方式。

二、中国内地版八达通何以夭折？

　　怎样才算是一个好的支付系统呢？让我以日本为例。日本的支付系统本来是很复杂的。我们一起来看看日本的支付系统原来有多么复杂。对日本有所了解的朋友都知道，日本的交通卡种类很多，包括 SUICA 卡、PASMO 卡等。与我们国内的交通卡概念不一样，日本的交通卡不仅用来坐公交车，还可以用来乘坐出租车，甚至可以用来买饮料、报纸。当然也有缺点，就是这些交通卡使用的范围非常有限，不是每个地方都可以使用的。在日本还有另外一种支付卡，可以有更广泛的支付功能，但是不能打车也不能够坐公交车。这样日本人口袋中就要放很多卡，很不方便。

　　索尼看到了这个商机。什么商机呢？为什么不能把所有的支付卡业务放在一个芯片里面？于是，索尼将种类繁多的支付卡集成到一个芯片里，叫做 FeliCa 卡。索尼研发出的 FeliCa 卡怎么使用呢？非常简单，只需要将这个芯片在 POS 机上点一下，钱就付出去了。日本的最大的通信运营商 DoCoMo 看到了这个商机，就把索尼发明的 FeliCa 卡技术应用在手机里面。于是，日本人出门时，就不需要在口袋里放那么多卡了，需要支付时，只需要把手机往 POS 机上刷一下就可以了。是不是很方便？

　　去过香港的朋友都知道，搭地铁时最方便的就是使用八达通卡进行支付。八达通卡其实就是应用 FeliCa 技术的最好案例。当你准备进入地铁站时，用八达通刷一下就能够进去搭地铁。去 7-11 便利店或者其他杂货店购物时，也是刷一下八达通卡就完成支付了。香港人常用的这个八达通支付卡，它的技术就是索尼公司发明的 FeliCa 技术，它的芯片就是 FeliCa 的芯片。因此，香港使用的支付卡是日本模式的一个转换，一个简化了的版本。八达通卡的应用范围没有日本那么广。在香港，八达通卡不能用于支付出租车费，坐出租车还是要付现金，而日本的出租车也是可以用手机支付的。

在索尼发明 FeliCa 技术之后，日本人的支付就变得非常方便，只需要把钱存入 FeliCa 的芯片中就可以了。需要消费和支付（比如购买电影票）时，就像在香港刷八达通卡乘坐地铁一样，用手机在刷卡机上刷一下钱就扣掉了，非常方便。手机没电怎么办？没有网络怎么办？没有关系！就像香港的八达通卡一样，照刷，还是可以把你的钱扣掉。而且，用手机还可以随时查账，如果你发现余额不足，还可以及时转账充值。除此之外，在日本，手机芯片里的 FeliCa 还可以和信用卡绑定，把信用卡的功能嫁接到手机上，可以用信用卡的方式先消费后还款，非常方便。所以，日本人就拿一个手机，无论有没有网络、无论手机有没有电，一样可以付费看电影、吃饭，一样可以消费，多方便！

回过头来看看我们内地的支付手段，就没有那么方便。我们没有办法像香港一样使用类似八达通的支付系统，也没有办法像日本一样使用手机作为支付通道，我们只能使用支付宝或者财富通，要麻烦一些。请各位想想：我都能想到这个事情，移动、联通或者电信想不到吗？虽然 FeliCa 技术是日本索尼发明的，我们不能把它用在我们的手机上吗？技术上一点问题都没有，而且中国移动也不是没有动过这个念头。几年前，中国移动也想学习日本的 DoCoMo，搞一个中国内地版的八达通系统，很可惜功败垂成。移动公司仿照 DoCoMo 也开发了一个类似的移动支付系统，同样是让用户把钱存入卡里面，然后用手机做支付，和日本的手机支付是一样的。

　　各位猜一猜，这么好的业务遭到谁的反对？以银联为首的中国银行系统。银联首先表态不能接受中国移动的这一业务创新。银联说不能用你们移动公司的支付系统，只能使用银联主导的 RFID（Radio Frequency Identification）系统里面的 NFC（Near Field Communication）标准。尽管中国移动也是重量级的国有企业，也是财大气粗，但跟银联斗起来并没有占到便宜。斗争的结果是银联获胜。到了后来，银联为了打击中国移动在支付领域的企图，联合了 18 家商业银行，还有移动公司的竞争对手——中国联通与中国电信，以及主流手机制造商、众多芯片制造商，捆绑组成一个大的联盟，共同推动中国内地版的八达通支付系统。中国银联在 2012 年与联通签约，共同开发和推广一个基于 NFC 标准的联通版的支付系统；到了 2013 年，银联又和招商银行合作继续推广这种系统。

　　可是各位朋友，你听过这个系统吗？你用过这个系统吗？没有。你猜为什么？道理很简单，没有人有动力去推广这个支付系统。请你想想：如果中国移动必须跟中国银联进行捆绑的话，在双方的合作中哪一家占有主导权呢？又是哪一家会真正从中获益呢？很可能的情形是——中国银联赚钱，而中国移动只是一个交易通道，后者赚不到钱。既然赚不了钱，中国移动哪有动力推广这个业务呢？这个道理非常简单。

　　本来中国移动可以像日本的 DoCoMo 一样，自己开发一个类似银联的支付体系。比如说可以让客户把钱先存到卡里面，然后再来使用；或者像信用卡一样，授权给客户一个信用额度，每个月结算一次。又好比我们使用手机一样，不是也有先打电话后付费的业务吗？结果是一样的。还可以给客户提供一万块钱的每月购物余额，客户用完之后每个月还款。也就是说，移动公司的这个系统可以为客户提供信用。不但可以提供信用，而且我们使用者还可以存钱到这个卡里面，就像我们的银行储蓄卡一样，自己用自己的钱。如果这些设想都能实现的话，中国内地版的八达通系统就出来了，我们老百姓的日常支付就会很方便。与日本的支付系统一样，如果手机没有电了，不影响支付；没有网络信号，也不影响支付。

很可惜，因为中国银联的反对，中国内地版八达通系统失败了。日本八达通模式或者香港八达通模式在中国内地彻底消失，我们不得不使用更为麻烦的系统来支付。

三、美国的支付宝为什么长不大？

讲完了日本，我们再来看一下美国的情况。美国是没有这种支付系统的。2011 年 9 月，谷歌、花旗银行与万事达也搞了一个手机钱包支付系统，它跟八达通是类似的。可是美国人不喜欢用，觉得使用起来并不方便。为什么呢？因为美国有更方便的支付方式。美国人偏爱使用信用卡。美国的信用卡方便到什么程度呢？即便是买一杯咖啡、坐出租车、坐巴士，都可以用信用卡支付。可以说，在美国，人人用信用卡，随时随地用信用卡，信用卡用起来非常方便。美国人普遍使用信用卡，使得美国形成了一个以信用卡为主的支付系统。日本是以八达通支付系统为主，中国只能使用复杂一点的支付宝、财富通系统。

那么我们中国为什么不能用信用卡作为主流支付系统呢？我相信只要你们用过信用卡都有体会。美国一家证券公司在中国的一项调研结果显示，中国的中产阶级家庭有 70% 拥有信用卡，但真正用信用卡作为主流消费的人群只有 9%。为什么？在中国用信用卡是非常不方便的。在美国用信用卡则非常方便，其中有两大好处是中国信用卡所无法比拟的。

第一个优势是无盗刷风险。信用卡遗失怎么办？信用卡被别人盗刷了怎么办？在美国，如果信用卡被盗刷，持卡人最多承担 50 美元的损失，其他部分的损失全部由发卡银行承担。而且，如果信用卡遗失，持卡人能及时向银行报失，银行还会就此表示感谢，连 50 美元都不用扣了。我们中国能不能做到呢？不可能！在中国，如果出现信用卡被盗刷的情况，持卡人只能自认倒霉，承担这笔损失。持卡人能不能不向银行支付这笔钱呢？不可以！如果不及时还款，罚息都能把你吃死了。相对来说，招商银行的信用卡还是做得比较好的，会给你 1.5 万元额度的盗窃险。如果信用卡被盗刷 5 万元怎么办呢？其余的 3.5 万元损失还是只能由持卡人自己承担。相比而言，在国内使用信用卡还不如使用储蓄卡呢！因为使用储蓄卡支付需要输入支付密码，而一些信用卡的支付是不需要密码的——这才是麻烦的事。所以，在中国，使用储蓄卡肯定比使用信用卡安全。

第二个优势是可随时取消交易。在美国用美国的信用卡，比如花费 100 美元在网上购买了一件衣服，但是衣服没有送来怎么办呢？消费者可以马上打电话到信用卡公司取消这笔交易，不会有金钱损失。即使是衣服已经送来了，但衣服的款式或型号不对，我看了不满意，那怎么办呢？我还是可以打电话给信用卡公司取消这笔交易，退掉这件衣服，不会产生任何损失。

请问各位在中国使用国内信用卡的客户，你有这种待遇吗？你有没有可能刷信用卡从网上购买了一件商品回来之后，然后打电话通知信用卡公司取消交易？不可能的。如果你提出取消交易，银行根本不理你。因为我们的银行是垄断性的，他们根本不想花这个时间。

因此，为什么我们中国人不喜欢信用卡？第一，有盗刷风险；第二，不可取消交易。而正是这第二个原因，导致了支付宝支付成为广受欢迎的支付方式。

所以，中国为什么会有支付宝？就是因为银行服务的不健全使得支付宝应运而生，取代了银行信用卡本应具备的功能。那就是一旦货物没有准时到达，或者是货不对板，就可以靠支付宝来弥补银行服务的不足。而就是这个支付宝，支撑了淘宝和天猫等网上购物平台的发展壮大。我们今天之所以用支付宝与财富通，就是因为银行的支付系统出现重大缺陷，无法适应消费者的支付需求。银行垄断的结果就是，它根本不想给客户提供服务，逼得我们不得不使用支付宝和财富通来进行交易。

我有一个很有趣的结论。我们为什么使用支付宝、财富通？不是因为他们有多先进，而是因为银联和银行的问题导致我们无法使用类似日本八达通、美国信用卡的支付系统。当然了，你也不用期待银联会让步，我们不可能使用类似日本的八达通系统；也不必指望银行的服务会在短期之内改善，因此我们也不可能使用到类似美国的信用卡支付系统。现在支付宝和微信支付虽然迂回一点，至少我们已经与世界潮流接轨，可以通过网络进行支付。4G 推动之后整个支付系统已变得很流畅，老百姓使用起来已经很方便了。

第四篇

中国的互联网巨头与其国外同行

▶ **第十五章**

阿里与百度并购体量，Apple与Google并购远方

▶ 在1974年的时候，美国的情况和我们现在比较类似，有63％的企业多元化经营的，只有37％属于专业化经营。可是经过了40年的演化之后，整个情况起了翻天覆地的变化：多元化经营的企业从63％下降到34％，专业化经营的企业反而增加到了66％。

一、马云多数的投资让人看不懂

马云这个人很有意思，经常出一些鬼点子来搅搅局，给了我们老百姓很多的快乐。我想，如果中国企业家里面没有马云的话，我相信我们生活的愉悦程度肯定会大幅下降的。

2014 年 6 月 5 日，马云以 12 亿元收购了恒大足球俱乐部 50% 的股权。

我关心的倒不是马云为什么收购足球俱乐部，因为足球不是一个简单的经济议题。我是想往更深处看，马云到底是一个什么样的人？根据我们的研究，2014年春节后的 4 个月内，马云已经花了 360 亿元做收购，12 亿收购恒大足球只是其中非常非常小的一部分。马云为什么要做这么多收购呢？他有这么多钱吗？有的。2014 年 5 月 6 日，马云向美国证监会提交了阿里巴巴的上市申请。按照当时估计，阿里巴巴对自己的估值大概是 1090 亿美元。

各位朋友请想一下：如果你有一万元，你会怎么花？如果你有一百万元，你又怎么花？一万元，大概是用于吃饭、娱乐、旅游之类的消费；而一百万到五百万，则可能花在买房子上。如果你有一亿元，你准备怎么花呢？那时候苦恼就来了。如果你有一千亿美元，那是非常苦恼的事。为什么？你根本不知道该怎么花！所以坦白讲，我挺同情马云的：他有这么多钱怎么花呢？各位朋友你知道我准备给马云一个什么结论吗？两个字：乱花。

马云在近几年总共收购了六大行业，除了与阿里巴巴相关的物流行业，还有互联网、消费产品、文化、金融以及其他行业。这六大行业里面，有五大行业是跟阿里巴巴网络购物行业完全无关的。我们一一来谈一下。

先谈第一个行业——物流。2013 年 5 月 28 日，马云的阿里巴巴联合银泰集团、复星集团、富春控股、顺丰集团、三通一达、申通、圆通、中通、韵达等 9 家企业，成立了菜鸟网络公司，致力于打造一个中国智能物流骨干网。同日又以 2.49 亿美元认购了新加坡邮政 10.35% 的股权，双方进行战略合作并建立国际电商化物流平台。2013 年 12 月，阿里巴巴与海尔旗下日日顺物流联合投资 18.57 亿港元，设立合资公司。马云在物流方面的投资，显然是要强化阿里巴巴相对薄弱的物流体系。对此，我个人表示理解，问题是其他方面的收购就有点荒谬了。

我们再来看马云在互联网领域到底干了什么奇怪的事：2013 年 4 月 29 日，马云以 5.86 亿美元获得新浪微博 18% 的股权；2014 年 4 月，投资 33 亿元人民币入股恒生电子，占 20% 的股份；2014 年 4 月 28 日，以 12.2 亿美元入股优酷土豆，获得 16.5% 的股权；后又在 2015 年 10 月 16 日，砸 56 亿美元一口吞下优酷土豆，创造中国互联网史上"第一并购"；2014 年 3 月 21 日，投资美国加州的移动聊天服务商 Tango，以 2.15 亿美元获得了 25% 的股权。其他他还投资了众多没听说过的公司，比如 LBE 安全大师、QUIXEY、淘淘搜、墨迹天气、穷游网、在路上、360Shop（杭州启博）等。马云收购或参股的这些企业跟阿里巴巴毫无业务关系，而且数量还不少。

我们再来看一下马云在零售行业的收购情况：2014 年 3 月 31 日，阿里巴巴投资了银泰，总投资金额 57.3 亿港元，占了不到 10% 的股权及总额约 37.1 亿港元的可转换债券。没有人知道为什么，很多人怀疑是不是他们有特殊交情的缘故。

再看一下马云参股的文化产业：2014 年 3 月 11 日，阿里巴巴以 62 亿港元认购了文化中国 60% 的股权；与史玉柱设立的云溪投资花了 60.36 亿元入股华数传媒，获得 20% 的股权。

金融板块就不说了，包括小额信贷、阿里银行、余额宝等，我们前文有过讨论。

最后是其他行业。我们看看马云收购了什么其他杂七杂八的行业：9.65 亿元获得海尔电器 2% 的股份；1.71 亿美元入股中信二十一世纪，推进国内药品信息化平台建设；2014 年 2 月，斥资 11 亿美元完成对高德地图的全资收购；2014 年 6 月入股恒大足球俱乐部。可以说，整个收购是完全摸不到头绪。六大收购里面，除了第一个收购是扩展阿里巴巴在物流行业的地盘之外，其他的收购让所有人摸不着头脑，不知道怎么回事。

我想透过马云的乱收购的行为，给我们中国的企业家提出一点忠告：如果你认为阿里巴巴或者马云的事业是中国企业家的表率的话，那你就大错特错了，因为马云正在将中国企业带入一个危险的边缘，像这样的多元化投资将给企业带来灾难。

二、苹果和谷歌90%的收购都是技术储备

为了说明我的观点，我找两家非常受世人关注的美国企业来做一个对比。马云创立的阿里巴巴是非常受中国人关注的企业，阿里巴巴旗下的淘宝、天猫、支付宝等都是中国的明星品牌。美国最有名的两家科技企业是苹果与谷歌。苹果市值 5500 亿美元，现金储备 1500 亿美元，也是钱多得没处花；谷歌市值 3600 亿美元，现金储备接近 600 亿美元，同样是钱很多。苹果和谷歌有这么多钱拿来做什么呢？他们也要拿来进行收购。我们来看看他们是怎么收购的。

我们一起来看看苹果是怎么进行收购的。苹果的收购和马云完全不一样。马云的第一个收购是为强化物流平台的支持而进行的收购，换成经济学的术语叫做水平收购。什么叫水平收购？就是将自己同行业的全部买回来。马云的其他五个收购都是不相关行业的收购，而苹果的收购基本上是相关行业的收购。以互联网为例，中游是互联网，上游是技术创新，下游是手机的应用软件，这种整合上中下游的收购叫做垂直收购。我们发现苹果和谷歌的收购基本上都是垂直收购，垂

直收购有什么好处呢？请看图 15-1，苹果公司股价走势与并购，这张图非常重要，我在里面划了很多的箭头请各位朋友一定要仔细看，我给各位解释解释。

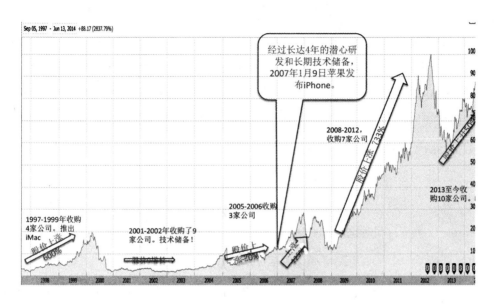

图15-1 苹果公司的股价走势与并购

这是苹果公司从 1998 年到 2013 年间的收购。苹果和谷歌 90% 的收购都是技术储备，只有 10% 是为了获得专利或者为了获得客户资料，绝大多数收购都是技术储备。从图中可以看到，1997 到 1999 年两年内，苹果总共收购了 4 家公司，目的就是推出 iMac，这期间苹果的股价涨了 600%，涨幅惊人！从 2001 年开始到 2007 年，苹果非常保密地做了大量的技术储备性收购，目的就是为了在 2007 年推出 iPhone，颠覆整个手机产业链。苹果公司在进行这些相关收购时，市场并不清楚苹果在做什么，不明白苹果的真正意图，所以市场也没有感到特别激动。

　　从苹果的股价走势图来看，2001 年到 2002 年间苹果收购了 9 家公司进行技术储备，对应的股价竟然是零增长。事后来看，这段时间内市场的反应是完全可以理解的，因为市场不知道有 iPhone 技术这回事，所以无从判断苹果收购这些技术到底有什么用，因此股票市场没有任何反应。那么到了 2005 年、2006 年，苹果又收购了 3 家公司，股价上涨了 20%。这个收购非常有意思。股价为什么上涨呢？市场可能慢慢摸出一点头绪了。其中 2005 年的一个收购项目叫做 FingerWorks。它是做什么的呢？FingerWorks 做的正是多点触控的产品。什么叫多点触控？各位看看你的 iPhone 手机，你可以用手指在手机屏幕上点来点去，从技术上来说，这就叫做多点触控。因此，全屏幕的多点触控就是 iPhone 手机的特色，而这一技术正是源自 2005 年收购的 FingerWorks。

　　显然，这是一个非常典型的技术储备收购。这种多点触控技术，不但用在了 iPhone 手机上，同时也用在了 iPad 上面，不但创造了一个新的智能手机市场，同时还创造了一个平板电脑市场。多点触控技术对苹果的贡献是无比巨大的。可是这一技术并不是苹果自己开发出来的，而是通过收购获得的。市场似乎懂得了这一收购对苹果的价值，股价上涨了 20%。坦白讲，这个涨幅相对于多点触控技术的价值而言并不算大。

　　还是从上面苹果股价的走势图来看。经过长期的技术储备和 4 年的潜心研究，2007 年 1 月 9 日，苹果终于发布了 iPhone 手机，股价随之暴涨 125%。此后，金融海啸之后的 2008 年到 2012 年，苹果又收购了 7 家公司。这个阶段市场的反应就完全不一样了，市场直观感受到了 iPhone 手机的受欢迎程度，苹果公司股价在此期间暴涨 733%，也就是说 iPhone 带来整个公司股价疯涨。2013 年，苹果又收购了 10 家公司，股价随之再度攀升。其中有两家特别值得我们关注：一家叫做 Cue，是研究可穿戴产品的；还有一家叫 PrimeSense，掌握 3D 感应器技术。PrimeSense 是研究 3D 传感技术的，它的技术可以让身体的手势和电子设备进行互动。苹果收购这两家公司的目的就是为了获取这项技术，让手臂的运动信息可以实时传输到可穿戴设备中去。苹果打算应用这项技术做什么呢？要做 iWatch！这几项收购使得苹果股价又暴涨了 50%。

各位朋友请注意，从 1997 年开始一直到今天，我们发现苹果股价为什么涨得这么多？因为它几乎所有的收购都是在做技术储备，连接推出 iMac、iPhone、iPad，还有 iWatch 等创新产品，给它的投资人带来巨大的财富，给这个世界也带来巨大的想象空间，给我们生活带来完全不同的感受，甚至改变了我们的生活方式。苹果的收购是以垂直收购主导，这与马云的收购形成非常鲜明的对比。

三、谷歌从信息检索到高科技公司的并购转型之路

再来看第二家最受美国人尊敬的科技企业——谷歌。谷歌从 2005 年到 2014 年间总共收购了 121 家公司（请看图 15-2）。2004 年到 2005 年，谷歌收购了 15 家公司。其中，最重要的是收购了 3 家与地图和交通分析有关的公司，目的是为了推出谷歌地图。这些项目的收购，使得谷歌地图成了最受欢迎的地图，股价暴涨 331%。

让我们看图 15-2。2006 年到 2007 年，谷歌又收购 25 家公司。其中，有 3 家公司特别重要：一家拥有文字处理技术的公司，叫做 Upstartle；一家拥有电子表格处理技术的公司，叫做 iRows；一家拥有幻灯片演示技术的公司，叫 Tonic Systems。为什么收购这些公司呢？因为这三项技术分别对应微软的 Word、Excel 与 PowerPoint，谷歌可以把它们全部融合在谷歌的应用文件上面，从此以后，谷歌用户可以不再依赖 Windows 和 Office，可以直接在线进行编辑。这三项技术的贡献是非常大的。这 25 项收购使得谷歌股价上涨了 51%。

继续看图 15-2。2010 年到 2011 年间，谷歌总共收购了 53 家公司，股价只上涨了 8%。坦白讲，投资人此时也不知道谷歌想干什么。根据我们事后的分析，谷歌是在为第一代的智能汽车做技术储备。2011 年谷歌开始与福特汽车合作，到

图15-2　谷歌股价走势与并购

了 2012 年 5 月，谷歌的第一代智能汽车研发成功。市场总算有点明白谷歌的意图了，于是股价暴涨 53%。2013 年，谷歌又在收购卫星成像公司、无人机公司以及机器人公司，目的是开发第二代智能汽车。

　　在我们印象中，总以为谷歌和我们国家的百度是一样的，主要是提供信息检索服务。如果你是这么想的，那你是太小看谷歌了，而且你也太看得起我们百度了。百度到现在主要还是一个搜索引擎，而谷歌呢？截至 2014 年，谷歌收购了121 家公司，给它的股东创造了巨大的财富。谷歌是怎么做到的？第一步，推出了谷歌地图；第二步，将具有微软 Word、Excel 跟 PPT 功能的技术融入谷歌系统里面去；第三步，开发第一代智能汽车；第四步，开发第二代智能汽车。所以，谷歌从一个提供搜索引擎服务的公司一路转型成高科技公司。谷歌的整个收购和苹果是一样的：90% 以上的收购都是为了做技术储备，都是在为成为一个具备更高科技水平的企业努力前进。在郎教授心目中，一个正确的收购就应该是像苹果和谷歌这样的收购，通过垂直收购进行技术储备，提升价值。

四、多元化还是专业化，哪条路通向光明？

上文所谈到的三类收购，包括马云的水平收购、行业不相关收购以及苹果跟谷歌的垂直收购，对企业有什么影响？我想以一个很简单的方式来表达我的观点，那就是看股票价格怎么变动。各位朋友请看图15-3。我们对中国电子行业中的184家企业股价进行研究，考察三类不同收购方式对股价的影响。为了消除股市整体波动对我们考察目标的影响，我们考察股价波动超过市场波动的部分。

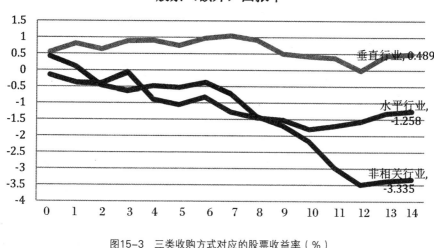

股票（额外）回报率

图15-3　三类收购方式对应的股票收益率（%）

请各位看一下图15-3。非相关行业的收购（马云有两个），15天股票回报率比市场大势低3.335%。这是最糟糕、最差的，股票市场给他们最差的评价。水平行业收购（马云有很多这类收购，比如说收购了很多物流公司），市场也给出了负面的评价，15天股票回报率比市场大势要低1.258%。只有一种收购市场给予了正面的评价，那就是像苹果跟谷歌一样的垂直收购，市场给予0.489%的评价，也就是说比市场平均收益率要高 0.489%。这就是苹果和谷歌收购之后股价会一直上涨的原因，虽然当时市场大势是上涨的，但苹果跟谷歌自身的涨幅要远超过市场的整体涨幅。显然，这是一个非常正面的收购。比较之下，很容易看出，像马云的这种胡乱收购的行为，已经给中国的制造业带来一个重大误区。

我想再给各位朋友做一个更深入的分析。中国企业现在什么状况？我以宝钢为例。宝钢除了继续从事钢铁主业的生产之外，还同时跨行业发展了机械电子、仪器仪表、建筑工程、机器加工、旅馆饭店和教育培训等十多个行业，形成了拥有十多家分公司、百余家企业、多家合资企业和海外企业的特大型企业集团。像宝钢这一类型的做大做强思维，可以说在中国是非常普遍的。根据中国证监会划分的行业标准，如果一个企业从事三个行业以上的话，就叫做多元化经营，那么中国股市有 68% 的企业都属于多元化经营的企业，只有 32% 的企业是属于专业化经营。

这个数据我们和美国做一个对比。在 1974 年的时候，美国的情况和我们现在比较类似，有 63% 的企业多元化经营的，只有 37% 属于专业化经营。可是经过了 40 年的演化之后，整个情况起了翻天覆地的变化：多元化经营的企业从 63% 下降到 34%，专业化经营的企业反而增加到了 66%。而中国的情况正好相反，中国 68% 的上市公司是多元化经营的企业。美国的这种转变，从多元化经营慢慢转变成为专业化经营才是时代的主流，而马云和很多中国企业从专业化经营慢慢走向多元化经营是一个逆潮流的行为。中国这种逆潮的情况有多严重？一项研究显示，在 2002 年到 2004 年短短两年的时间内，中国企业多元化的程度增长了 20%—25%。多元化导致成本增加，企业的经营绩效大幅下滑——从会计数据来看，大概是下滑了 35%—50%。

不论是通过股票价格还是通过会计盈利的数据，都可以发现，中国目前整个企业的格局是走向歧途了：从专业化经营走向一个错误的多元化经营。马云给了一个错误的示范。目前中国 68% 的企业都是多元化经营，股价下跌、生产效率下降。这个现象不得不引起我们的注意。我呼吁有关政府部门对这种现象做更深入的研究，对这种多元化现象给予警惕。我们需要更多的专业化经营。很多人说，多元化经营也有多元化经营的道理，也就是不要把鸡蛋放在同一个篮子里的道理。然而，对于公司经营而言，就要将所有的鸡蛋放在同一个篮子里面才会经营得更好。所以，未来中国企业应该朝什么方向走呢？朝和马云相反的方向走是一个正确的方向。

▶ 第十六章
3Q大战，商业之争不能行使垄断之恶

▶ 反垄断法应该坚持两个原则：第一是网络中立原则，第二是通信协议开放原则。如果能够维持这两个原则，我们就会有一个更好的环境和平台，促进我们创意产业的繁荣发展。

一、互联网公司垄断权力的边界在哪里?

2012 年 4 月 18 日，舆论喧闹了两年之久的腾讯与 360 大战（网上称之为 3Q 大战）开庭了。当然了，是腾讯告 360，而 360 也在庭上提出腾讯利用垄断权力打击竞争对手。我不想就这个案子本身多做讨论，我也不想讨论到底腾讯的市场占有率是不是在 75% 以上，但是我觉得 360 利用反垄断法提出诉讼，是值得我们关注的。

在整个论战过程当中，360 曾经被法院判过 8 次名誉败诉。2010 年，360 告诉 QQ 用户，说 QQ 会扫描用户电脑，因此有可能侵害到用户的权益，也就是说，有可能会泄漏用户的个人隐私。当时，这件事彻底激怒了 QQ，所以腾讯祭出了非常严厉的措施：用户只要使用了 360 的软件，就不要使用 QQ 软件。当然，360 也做出了反击：建议 360 用户停止使用 QQ3 天。

这都是尘封往事。这个事也没什么意思，因为在我看来，我们整个互联网市场就是一个有问题的市场。360 造谣的做法肯定是不对的；你再看腾讯的做法，利用垄断优势不准用户使用 360 的软件，这个做法对不对呢？这个事件当时被工信部压了下来。事情发展到今天，我觉得应该把它拿出来讨论。讨论什么呢？讨论反垄断法如何保护我们更多的小民，反垄断法如何保护我们这些使用网络的人。同时，我还想谈一下我们的反垄断法。关于反垄断法，我以前在电视节目里面谈过很多了，我以前也在节目中批评过"两桶油"的垄断问题。它随意定价、随意涨价等问题，引起老百姓不少的抱怨。

我今天想谈谈，反垄断法能不能在生活的细节方面也给我们老百姓带来实惠。

我觉得这个问题应该是大家比较关心的问题。我先谈谈网络的问题。QQ 的做法到底对不对？其实，对于腾讯的做法，我个人是感到非常遗憾的。我觉得互联网公司完全违反了两大网络原则：第一个叫做网络中立的原则；第二个叫做不妨碍互联网创新的原则。我向各位朋友以及政府监管单位做一些说明，把我的想法告诉各位朋友。我认为，今天已经不是 360 跟 QQ 谁胜谁负的问题了，而是反垄断法有没有办法解决目前互联网上的这种畸形竞争的问题，从而帮助我们小老百姓能够更有效、更合理地使用我们的互联网。

第一点，腾讯的做法违反了网络中立的原则。在中国以外的国家（比如说互联网的起源地美国），网络中立是一个被普遍承认的原则，没有人敢去违反。从 2006 年到 2008 年，美国国会 8 次通过法案，来维护网络中立原则。我们查历史资料发现，只找到一起违反网络中立原则的公司。那是 2005 年，有一家叫做哈德逊河的小公司，在美国纽约专门做小灵通业务。美国的反垄断法做得非常好。这家小公司在纽约做小灵通能活得很好，因为它成本低。结果 IT 电话出现了，肯定会对哈德逊河这家小灵通公司造成一定的打击，因此他们就断然采取措施，屏蔽 IT 电话的接入。有人可能认为这是一件非常小的事情，但是美国联邦通讯委员会不认为这是小事情，而认为这是大事情。美国联邦通讯委员会立刻约谈了哈德逊河公司。还没等到美国联邦通讯委员会开始展开调查，哈德逊河公司就立刻认输，交了 1.5 万美元的罚款，同时取消屏蔽。为什么？因为哈德逊河公司已经完全违反了网络中立的原则。

如果网络中立是不可侵犯的原则，腾讯有什么理由不准网民在电脑上自由选择自己喜欢的软件呢？腾讯有什么理由干涉老百姓的自由选择呢？这就是网络中立原则的一个最基本的精神：网络为用户提供一个通信的平台，用户想用什么样的软件，那是他个人的自由，任何一家公司都无权限制用户自由选择的权利。那腾讯怎么能够随便限制 QQ 用户使用 360 软件呢？也就是说，腾讯屏蔽 360 的做法完全违反了网络中立的原则。到目前为止，这是一个我们还没有探讨的重要话题，我觉得有必要和各位朋友谈谈。对于所有的互联网公司而言，包括腾讯以及其他互联网公司，要想想自己有没有违反网络中立的原则，有没有随意去干涉网民的上网自由，这一点非常重要。

第二点，中国的网络市场是畸形的，它完全打击了中小型互联网公司的创新能力。我仍以 QQ 为例。大家知道吗？ QQ 的通信协议是封闭的。通信协议封闭与开放有什么不一样呢？差别太大了！腾讯的通信协议是封闭的，那么腾讯的竞争对手就没有办法使用数量庞大的 QQ 用户，腾讯也就无惧竞争对手，甚至可以封杀小企业。腾讯是怎么消灭小企业的呢？比如说，一家小公司开发了一个很受市场欢迎的软件，腾讯或者其他协议封闭的网络公司可以轻松抄袭，然后供自己的用户使用。因为腾讯的通信协议是封闭的，不仅处于竞争对手位置的小企业没有办法使用到腾讯等的庞大客户群，而且腾讯还可以在短时间内把小企业的创新产品抄袭过来，这完全阻碍了小公司的创新能力和发展。当然了，腾讯会稍微修改一下程序和内容，然后立刻向自己的 7 亿用户来发布，你还拿它没办法。

二、美国如何保护创新？

有朋友可能要问：妨碍创新有这么重要吗？非常重要！中国为什么是个缺乏创造力的国家？这一点值得我们深思。在美国，类似的通信协议按规定是要开放的，任何一家小公司的创新项目，都可以利用这个开放的协议，使用大公司的客户群。如果大公司感到有威胁了怎么办呢？因为通信协议是开放的，大公司只有一个办法，就是收购对方。比如脸书（Facebook）收购在线照片共享服务平台 Instagram，就是小公司有了创意之后，使用大公司的平台并对大公司造成威胁之后，大公司通常的做法。大公司通常的做法就是给创业者一笔非常高额的资金，将他们的公司收购。小公司创办人拿这笔资金很高兴，回家以后通过这笔钱跟自己的创造力，再去发展别的创新项目。然后，整个市场可以蓬勃发展，创造力得以发挥。

告诉各位，对于鼓励创新来说，这些非常重要：第一，网络中立精神是不可被打破的；第二，开放协议也是不能被违背的。在美国在线和时代华纳两个巨头合并过程中，美国联邦通讯委员会就下达过一个重要的指令，要求：第一点是做到网络中立，必须对任何的网络接入服务商（ISP, Internet Service Provider）一视同仁；第二，美国在线必须承诺通信协议是开放的，以增强竞争，提升互联网的创新能力。

我想告诉工信部以及其他的监管单位，像腾讯的事件或者其他网站的事件，以后需要通过立法来明确两点：第一，网络中立原则不可违背；第二，通信协议必须是开放的。只有这么做，才可以使中国互联网产业蓬勃发展，才可以使我们中国软件行业得以蓬勃发展，才可以使我们中国的创造力有一个平台可以迅速成长。

除此之外，我们对知识产权保护也要提上议程。我们要保护能够开发网络创意软件的这些年轻人或者这些小公司，保护他们的权利，使得中国的创意产业得以持续发展。在此我想告诉政府，如果真的想推动创意产业发展，互联网发展的两大原则，就绝对不能被违背。同时更重要的是，我们还要推动知识产权保护。只有做到双管齐下，才能够激励我们创意产业的发展。

三、国有垄断行业的边界在不与民争利

反垄断法还可以应用在一个更小的范围之内，比如银行、石油、航空、铁路及通信等五大国有行业。国有垄断企业吃肉，小企业喝汤总可以吧？比如火车票。2010 年 4 月，铁道部客户服务中心网站发出一个声明：铁道部门没有委托其他网站或者小公司进行火车票代售服务，除了车票的费用和 5 元手续费，一律不能加收其他费用。就这件小事情而言，我就觉得可以透过反垄断法本身，保护中小参

与者喝汤的权利。

这个事情发生的背景跟京东计划给老百姓提供购票服务有关。2010 年 3 月 30 日，京东计划推出配送车票的服务，只要二三十块钱的服务费就可以送票上门。服务的范围不仅包括城市，甚至农村地区也可以配送。京东的这一动作使得当时的铁道部非常恼火，因此就发出了不允许其他网站代销、配送车票的声明。

我们调查的结果发现，北京市有 6 家网站也提供类似的送票服务。其中 4 家是免费的，包括京城火车票、北京东城售票处、在路上火车票以及 168 票务；另有两家是收费的，包括支付宝代购和赶火车网。那么问题来了：如果京东不可以做配送的话，为什么这 6 家可以做呢？是不是有内部交易的嫌疑呢？是不是这 6 家和铁道部有特殊的关系呢？请各位注意，我不是希望铁道部封杀这 6 家票务代理公司。我是想提个建议，我觉得在反垄断法的法律框架之下，像类似票务代理的业务，不应该只由铁道部服务中心的网站来经营，应该向社会开放。这才是反垄断法的基本精神。国有垄断企业吃肉，民营企业可以喝汤，同时可以给老百姓提供不少的方便。

有过买火车票经历的朋友都有体会，铁道部的购票网站有多么不方便：第一，没有配送；第二，购票的人还要大老远地跑到售票站，出示身份证然后才能取票。这种事情国有企业就不如小的民营企业做得到位。所以，为了便民起见，我觉得反垄断法在这一领域可以起到很大的作用。

第二是飞机票的问题。中航信是全国航班信息查询的唯一的服务商。要成为中航信的代理商可不是那么容易的，首先要求注册资本金不能低于 160 万元，然后是取得中航信的委托资质。以广东为例，全省有 100 多家有资质的代理商，代理商取得代理资质后，可以将销售机票的业务分包给街边小店。一家街边小店只需要一部电话、一台电脑，再加上两三个业务员，就可以代理销售飞机票了。坦白讲，这都是小民该干的小事，大家赚点辛苦钱。

2010 年 7 月，中航信竟然又开始强化垄断了，要求除了具有代理资质的分销商，外挂在代理商之下的小售票点全部停止运作。为什么呢？中航信计划打造一个统一的售票网站，叫做航旅天空，以此为平台直接向客户收费。中航信不希望通过100家有代理资质的代理商再分销下去，搞成十几万家小型的售票公司。这件事发生以后，触及了代理商的利益，这100家有资质的代理公司当然反对，但是反对无效，中航信根本不理他们。一周之后，代理商们只有屈服，希望与中航信达成和解，实现合作共赢，希望中航信给中小票务代理开发一个正规的窗口，让代理商也可以合理地收取一定的费用。

坦白讲，会有很多人认为这是一件很小的事情。可是在我看来，这个事情一点都不小。为什么这么说呢？这又是一个反垄断法可以应用的地方。中航信有什么理由可以恣意妄为、可以随时令别人停工？中小代理商好不容易开了这么多店，好不容易积累起这么庞大的资源，中航信一声令下，原来的分销体系就立刻解体。中航信这样做是对的吗？而且，这100家代理商通过外包形成十几万家小售票点，他们都要根据业务量向中航信交费。即便如此，中航信为了在票务销售环节占有更多的收益，还是掐断了小售票点的生计。仔细观察的话，你会发现除了五大行业垄断外，还有本来老百姓可以喝汤的许多小事情，都被夺走了。

反垄断法具有非常重大的时代意义。为了使反垄断法真正落实到市场经济中，反垄断法应该从小处做起，从基层做起，先把老百姓所关心的事情做好。比如，买火车票能不能更方便呢？买飞机票能不能更方便呢？通过限制垄断企业的权力，让这些卖火车票、卖飞机票的老百姓能够稍微多赚一点点钱，这样不但能够藏富于民，还富于民，同时还可以维持社会的和谐。因此，反垄断法的时代使命是非常重大的，它关系到老百姓生计、社会和谐以及市场经济的健康发展。

对于网络平台来说，反垄断法应该坚持两个原则：第一是网络中立原则，第二是通信协议开放原则。如果能够维持这两个原则，我们就会有一个更好的环境和平台，促进我们创意产业的繁荣发展。当然了，还要有知识产权保护作为配套措施。为什么老百姓对反垄断法的感受并不深刻？因为我们没有从老百姓关心的小事做起。如果我们能够从老百姓所关心的小问题着手落实反垄断法，我相信我们能够深刻地感受到反垄断法的实惠与反垄断法的好处。

四、反垄断的目的不是打击企业

各位请注意，反垄断法本身并不是为了打击企业，而是帮助企业发展。我以波音公司为例。波音公司成立于 1916 年，发展到 1934 年，波音公司已经成为一家拥有垄断势力的寡头公司。根据美国的反垄断法，波音在 1934 年被要求分拆成三家公司：第一家叫做联合技术服务公司；第二家就是现在的波音公司；第三家是美国联合航空公司。经过数十年的发展，我们惊奇地发现，波音拆分出来的这三家公司茁壮成长，成为各自行业的领头羊：我们最熟悉的波音公司就不用说了，它是美国最大的创汇企业；美国联合航空公司也不用说了，我相信很多朋友都乘坐过这家公司的飞机；即使我们平常不太熟悉的联合技术公司，也做得非常不错。它的子公司之一普惠公司，是美国最大的两家航空发动机制造公司之一，另外，奥的斯电梯也是它的子公司。也就是说，反垄断法打破垄断之后，通过企业竞争，反而有助于企业的发展。

另外一个经典案例是微软 2000 年的一个事件。微软在 2000 年推出 Windows 95 的时候捆绑了 IE 浏览器，使得另外一家浏览器服务商网景的市场份额由 33% 一下子跌到了 13%。在这个事件中，微软就被判违反了美国的反垄断法——谢尔曼法。美国司法部要求微软进行分拆，一家专门搞 Windows 操作系统，一家专门搞 IE 浏览器。经过一些比较复杂的法律程序，最终的结果是维持一家公司，不进行拆分。虽然还是一家公司，没有进行拆分，可是由于反垄断法的影响，微软的垄断势力已经逐渐消退了。

我再给各位举几个例子。2000 年 IE 浏览器捆绑在 Windows 95 中的时候，它的市场占有率是 86%，到现在，IE 浏览器的市场占有率已经跌到了只剩 41%

左右。这就是反垄断法的成功。这有什么好处呢？反垄断法可以给网景以及其他公司提供一个更好的发展空间，因为竞争是企业成功的关键因素之一。此外，还有微软以前搞的媒体播放器，曾遭到欧盟的惩罚，罚款大概有 4.97 亿欧元。在经历了美国、欧盟反垄断法的惩罚和警示之后，微软再推出视窗操作系统时，不敢再捆绑媒体播放器进行销售。这就是反垄断法的作用。

▶ **第十七章**
苹果的闭环链与小米的硬件

▶ 硬件、软件、内容三方面加在一起，就叫做闭环式的消费。可以这样讲，苹果是最先做闭环消费的，也是做得最好的。

▶ 小米虽然没有办法像苹果一样形成硬件、软件和内容三方面的闭环，但是可以在硬件销售方面做到闭环，这也是很独特的。

一、苹果打造"硬件+软件+内容"一体的"闭环经济"

苹果公司是大家最熟悉的企业之一，通过它来解读中国其他一些企业的做法，你会发现都很类似，都可以概括为"闭环经济"。

什么叫闭环？举例来说，今天你在四家店里消费，很可能这是你个人的突发行为。你在四家店中分别消费，四家店各自赚钱，互相之间没有联系。这是我们过去的消费习惯。可是现在不一样了，一个新的消费模式出来了，那就是商家引导你去消费，不是像过去一样，根据自己的主观意愿选择商家，而是商家透过某一个智能的设备，比如说手机，引导你去特定的店里消费，把消费者全部的消费行为串在一起，比如，去推荐的餐馆吃饭，去推荐的电影院看电影，去推荐的KTV 唱歌娱乐。而且，吃完之后，商家还希望你能向他反馈，跟他交流。这个就叫做闭环。

过去的主观式的消费慢慢变成一个被动式的连锁性的消费，把你所有的消费都串在一起，叫做闭环经济。这种闭环是谁先开始的？苹果。是苹果首先打造了闭环消费链。苹果推出的 iPhone 不只是一个手机的概念，本质上它是一个闭环经济的概念。

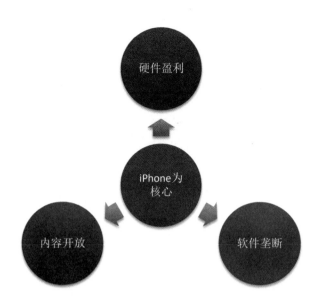

图17-1　苹果闭环消费链

　　各位请看图 17-1：中间一个圆圈，旁边三个圆圈。图的最上端是硬件盈利，意思是说，我们买 iPhone 手机时，苹果透过 iPhone 手机能赚硬件产品的钱。目前，iPhone 手机的毛利率是 41%。iPhone 手机赚到全世界智能手机市场 91% 的利润，这是其他手机制造商望尘莫及的。

　　单是 iPhone 手机还不是闭环。苹果在硬件的基础上，还搞了个软件垄断（见图右下角）。也就是说，在苹果手机里，不是想用什么软件都可以。购买了 iPhone 手机后，如果你想下载一个应用软件，必须通过 iPhone 的应用商店 APP 才可以，别的途径是不可以的。

　　苹果公司对所有希望上架到苹果应用商店中的软件，有最终否决权的审核权利。比如，360 开发了一个拦截骚扰电话的软件，希望能进入苹果商店，最后什么结果呢？苹果就是不让 360 的这个软件装进去，协议没达成。因为苹果认为，360 的这一软件对 iPhone 手机的系统安全会造成损害。苹果不让安装，360 就一点办法没有。于是，只要 iPhone 手机用户能够持续下载和使用苹果商店里的软件，苹果公司又能赚取软件的钱。因此，苹果软件使用费的增长率是 10%，iPhone 里面所有的软件都在垄断，叫软件垄断。

图 17-1 左下角是内容开放。苹果自己不做内容，所以内容方面没法垄断，但是因为苹果手机的硬件优势，苹果可以做到内容开放，销售垄断。经苹果许可，内容供应商生产的内容可以进入苹果的系统，但需要透过苹果的支付系统来付费。比如 Youtube，还有制作纸牌屋的公司 Netflix，都是苹果的内容供应商。还有 UFC（终极格斗冠军赛）、真人格斗秀等很多有市场的内容都在苹果的平台里面，有几十个频道。这些频道可以在苹果的许可之下进入它的系统，但是消费者的付费并不是交给这些内容制作公司，而是透过苹果的支付系统进行付费。这被称为内容开放，销售垄断。

硬件、软件、内容三方面加在一起，就叫做闭环式的消费。可以这样讲，苹果是最先做闭环消费的，也是做得最好的。为什么消费者会接受苹果的闭环消费模式呢？为什么消费者会愿意购买 iPhone 而接受苹果的垄断呢？苹果能做到内容销售垄断和软件垄断，核心在于苹果的手机质量确实很好，给了消费者一个非常好的体验。消费者既然想拥有一个好的硬件体验，就必须得接受苹果这种垄断式的闭环式消费，所以硬件本身是非常非常重要的。

二、小米靠硬件，一招鲜吃遍天

谈完苹果，再来谈谈我们中国的小米。小米手机一直销售得不错，销量应该是数一数二的。我们用跟苹果一样的闭环消费链来做解读。请看图 17-2。先不谈硬件，先从图 17-2 右下角的软件端开始。因为小米手机的操作系统是安卓系统，跟苹果手机使用的 iOS 系统是不一样的。安卓系统是开放系统，第三方软件可以随时安装进来，小米无法在软件使用上进行垄断。比如，搜狗输入法就能够安装到小米手机的操作系统里面去，但是没法进入苹果的操作系统。既然小米选择了开放的安卓系统，就无法对免费的第三方软件进行收费。所以，对应苹果的闭环消费链，小米在软件环节是开放的，无法垄断和收费。

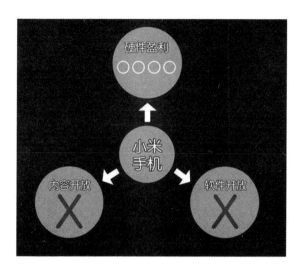

图17-2　小米手机盈利模式

再看图 17-2 左下角的内容端。小米也介入电视节目，但是因为小米的播放源是开放的，任何内容制作公司都可以透过小米的系统播放他们制作的视频内容。视频内容完全按照制作公司所定的方式来收费，与小米基本上没什么关系。目前大概有四家持有牌照的内容制作公司和上百家的视频网络都把他们的版权内容注入小米，但是小米也是无法收费的。

各位仔细看：我在图 17-2 的右下角打个叉，表明软件是无法垄断的，小米只能选择开放；在图 17-2 的左下角也打个叉，表明小米手机对视频内容也是开放的，也是不能垄断的。因此，在苹果制定的闭环消费链标准中，小米只有把硬件销售、硬件盈利做到极致。什么意思呢？小米的核心是靠硬件赚钱。

小米是如何靠硬件赚钱的呢？各位都晓得，小米现在设计和销售上百个智能硬件。相对于其他硬件制造商而言，小米把每一个硬件的质量跟设计都做到极致，比如移动电源。移动电源可以说是满街都是，小米的移动电源好在哪里呢？不单单是质量好的问题，而且容量特大。所以，消费者会喜欢用小米的移动电源。小米的移动电源卖得多好大家知道吗？2014 年一年卖出去 1460 万个，一个卖 69 块钱，所以单是这一个硬件产品，小米的销售额就超过十亿。

小米类似的硬件产品还有小米盒子、小米电视、小米路由器、小米音响、小米耳机、小米随身 wifi、小米手环、小米摄像头、小米智能家具，还有小米净水器、小米血压仪、小米空气净化器等。我们发现，只要是小米推出的智能硬件都卖得很好。为什么呢？这就是小米的特色。小米推出上百个硬件产品，都以小米的运营平台 MIUI（米柚）作为支撑，上百个智能硬件都整合在小米的这个运营平台的系统当中。

小米透过 MIUI 运营平台，将所有的智能硬件产品都整合在一起，实行数据共享，非常方便。而且，这就是为什么你买了一个路由器之后，你还想再买个移动电源，想再买个小米这个，小米那个，因为非常方便。所以，小米上百种智能硬件产品就靠硬件本身来赚钱。小米虽然没有办法像苹果形成硬件、软件和内容三方面的闭环，但是可以在硬件销售方面做到闭环。也就是说，透过小米手机运营平台的整合，消费者会按照小米的意愿，而不是自身的意愿购买小米所生产的其他硬件产品，这也是很独特的。坦白讲，小米在这方面做得非常成功。

第五篇

互联网经济的健康基因

▶ **第十八章**

保护知识产权

▶ 当安卓系统被发明出来后，谷歌不可能抄袭，因为美国有非常完善的知识产权保护法。虽然安卓系统的开发团队没有注册过商标，没有注册过专利，但这没有关系，只要他有证据证明安卓系统是他发明的，如果谷歌侵权，谷歌一定败诉。

一、滞后于时代的商标法

2012 年 7 月 13 日，北京市第一中级人民法院驳回加多宝母公司鸿道集团提出的撤销中国国际经济贸易仲裁委员会于 5 月 9 日做出的仲裁裁决的申请。这意味着王老吉商标纷争以广药的完胜画上句号。王老吉商标权争议事件是一个非常有趣的话题。透过这一事件，我们可以看看中美商战的不同，并提出一个大胆的建议。

作为一个中立的学者，我认为这个事情本来是无中生有，也可以说没事找事。为什么？想必各位都喝过王老吉。你们注意到没有？以前市场上常见的有一个红罐装的王老吉，还有一个绿纸盒包装的王老吉。红罐装的是加多宝公司生产的，而绿纸盒装的是广药集团生产的。红罐装的王老吉销售额是 160 亿元，广药集团搭了个顺风车，绿纸盒装的销售额也有 20 亿元。这本来是个双赢的事件，为什么会闹到法庭上分高下呢？其实，矛盾的起源可以追溯到十多年前。2000 年，王老吉的商标价值大概只有几千万的时候，广药集团与加多宝双方签约，加多宝公司每年支付 500 万元的商标使用费给广药集团，获取王老吉品牌的使用权。随后的十几年，红罐装王老吉越做越好，一年销售额超过 160 亿元，广药集团看了就觉得心里不爽：每年才给 500 万元的商标费，当初要少了！但是我想提醒各位朋友，2000 年签约时，王老吉的商标只值几千万，广药集团以每年 500 万元转让王老吉商标使用权，因此它也是从中获益了。2000 年，广药集团签协议授权鸿道集团（加多宝母公司）使用"王老吉"商标 10 年。2002 年，签补充协议，使用期限延长至 2020 年。但签补充协议前，广药副总经理收了鸿道集团董事长陈鸿道 300

万港币的贿赂。广药据此认为两份补充协议无效，要求收回"王老吉"商标，并提请商业仲裁。而最后的裁决结果是什么呢？判加多宝败诉，后面签的两份补充协议无效，鸿道（集团）有限公司停止使用"王老吉"商标。广药集团后来还通过法律手段收回红罐包装的使用权。

我想请问各位，为什么这个事情会发生在中国？我们中国商标法本身可能就存在一个问题，我们是只保护商标，而不保护商品。

对此，我们做了很多的分析，我们从欧美各国找找有没有类似例子。我发现大多数国家或地区都是尊重商品而不是商标，他们保护没有商标的商品，而不会保护没有商品的商标。

还有其他类似的案例。各位还记不记得唯冠和苹果打官司，最后是苹果败诉了？这个案件只有在中国才可能发生。为什么？也是商标法的问题。唯冠原本是台湾一家生产显示器的企业。2000 年，唯冠旗下的唯冠台北公司在根本没有能力生产平板电脑的情况下，在多个国家与地区分别注册了 iPad 商标。2001 年，唯冠国际旗下的唯冠科技（深圳）有限公司又在中国大陆注册了 iPad 商标的两种类别。2006 年，苹果公司开始策划推出 iPad 平板电脑时发现，iPad 商标权归唯冠公司所有。2009 年，苹果公司与唯冠达成一项协议，唯冠台北公司将 iPad 全球商标以 3.5 万英镑价格转让给苹果。签约之后，在其他国家和地区都没有问题，只有在中国内地出现问题。唯冠深圳方面表示，iPad 的中国大陆商标权并没有包含在 3.5 万英镑的转让协议中，而且，深圳唯冠才是 iPad 商标权在中国大陆的拥有者，唯冠台北公司没有出售的权利，所以 iPad 的中国大陆商标权不属于苹果。

你知道为什么吗？商标权转让合同是签了，唯冠台北把 iPad 商标转让给了苹果的一个代理公司（英国 IP 申请发展有限公司）。问题出在哪里呢？按照中国法律规定，苹果的商标代理公司一定要去国家工商总局商标局进行商标登记才有效。苹果的商标代理公司，不知道为何没有去登记，因此被深圳唯冠钻了空子。

既然这样，那我也不能说法院判决是不公平的，因为确实是中国的法律是这样规定的。法院根据法律来判案，也不能说是有错。只能说，我们的法律在某些方面的条款还不够完善。

让我们看看美国的商标法。什么是美国商标法的基本精神呢？那就是一定要保护没有商标的商品，而不能保护没有商品的商标。按照这种精神，红罐装王老吉跟绿纸盒装王老吉，已经是不同的商标，而且是独立的商标。这么多年来，加多宝已经将企业经营的理念灌输到红罐装王老吉凉茶中，而绿纸盒装王老吉借风使力，一年销售额也达到 20 亿元。因此，这两个产品的外观、颜色等本身就是一个商标。如果按照美国商标法来看，两种产品各自有独立的商标。广药集团完全没可能透过美国的商标法收回红罐装王老吉的商标权，更不可能收回加多宝一直使用的红罐包装。这个事的意义非常重大。我们的法律系统是不是会鼓励其他类似王老吉这样的事情出现呢？这点值得我们深思。

二、国外商战有何不同？

美国当然也有很多商业上的争执，英特尔跟 AMD（美国超微半导体公司）在芯片市场上的竞争就是一个典型的案例。以前 IBM（国际商业机器公司）生产电脑，认为操作系统没什么大的价值，就把操作系统给了微软来做；它还认为芯片的商业潜力也不大，因此就把芯片给了英特尔来做。1982 年，IBM 把芯片的专利权又给了第二家企业，叫做 AMD，从此造成英特尔跟 AMD 之间的竞争。

英特尔跟 AMD 之间怎么竞争呢？他们之间的竞争跟我们是完全不一样的，可以说是一种美国法律保护和监督之下的公平竞争。发展到后来，英特尔在芯片市场上获取了相当程度的垄断力量。两家竞争激烈的时候，英特尔采用垄断性的不公平竞争手段，要求所有的下游厂商必须在英特尔和 AMD 之间做出选择，要么英特尔，要么 AMD。下游厂商选择英特尔的话，英特尔会给他们促销补贴，给他们市场开发费等——这就是不公平竞争；厂商选择 AMD 的话，后果自负。

2003 年，宏碁电脑的董事长去参加 AMD 的某个产品发布会，当时英特尔首席执行官知道之后，非常愤怒。他通知宏碁董事长，如果参加发布会，将遭遇"严重的后果"。这与英特尔莫名其妙地拖延支付它欠宏碁的 1500 万到 2000 万美元的市场开发资金同时发生。结果，宏碁于 2003 年 4 月退出了发布活动。

就因为这种不公平竞争，AMD 一纸诉状把英特尔告到了欧洲、美国、日本、韩国等国家。毫无疑问，各地都判 AMD 胜诉。为什么？因为这叫不公平竞争。到了 2009 年，欧盟罚了英特尔 10.6 亿欧元（约合 14.5 亿美元）。当年 11 月份，英特尔屈服并和 AMD 和解，支付给 AMD12.5 亿美元作为补偿，同时保证不再进行这种不公平的竞争，而且承诺可以进行专利交叉授权等。这使得 AMD 和英特尔回到一个公平的良性竞争轨道。

除了这种竞争，还有什么竞争呢？还有另外一种竞争我觉得也是值得介绍给我们读者朋友的。苹果和三星之间通过法律也进行过几次斗争。苹果的 iPhone 手机上市没有多久，三星就抄袭了 iPhone 手机的操作手势跟界面。三星的速度很快，3 个月后就发布出自己的产品。这是很明显的抄袭行为，所以苹果马上找律师收集材料到法院提出控告。

收集材料和司法程序都需要时间，至少需要几个月的时间。苹果提出了控告，法院初步判决也认定三星抄袭，要求三星把抄袭的部分去掉。各位请注意，三星聪明得要命，它的目的根本就不是发行带有抄袭元素的第一代手机。三星是通过这一场诉讼，有几个月的缓冲时间，让它能够开发出第二代手机，而第二代手机中所有的抄袭元素统统没有了。所以，三星成功地发展出类似 iPhone 的手机，但是不存在抄袭现象。

也就是说，三星透过法律手段达到自己产品竞争的目的。而后，苹果又控告三星的平板电脑侵权，最后苹果也没胜诉。苹果后面这次起诉有什么目的吗？和三星当时目的是一样的，苹果发起的诉讼能够延缓三星平板电脑三个月上市，就凭这三个月，苹果就能控制平板电脑市场。这种通过法律诉讼来达到竞争目的的手段，是另外一种竞争方法。

我们拿中美来做比较的话，你会发现双方的竞争格局是天差地别。我们的王老吉商标权之争，是一个落伍的商标法导致了不公平的竞争。而 AMD 和英特尔通过反垄断法的保护，使得两家公司实现了良性的竞争。另外，三星跟苹果之间互相告来告去，是以法律为手段，达到各自销售产品的目的。这才是高手过招，和我们的水平是不一样的。

三、草根的安卓系统何以能活命？

过去各位也都用过旧式的手机，如果你想下载音乐，你得付钱给中国移动或者是中国联通，美其名曰增值服务，其实就是垄断收费。此外，许多朋友都曾用过诺基亚手机，如果你想在手机里安装一个新的软件进去，你得到论坛里面找一个盗版的软件，而且你还得修改日期来安装这个手机插件，同时你还得给自己的手机制作安全证书等，非常麻烦。

诺基亚使用起来的不便，成就了安卓系统的崛起。这都要归功于法律制度的保护。当时有一群闲着没事干的软件天才特别看不惯电信运营商和手机生产商控制手机软件的行为，就自己动手开发新系统。后来谷歌收购这家公司后，发起了一个秘密项目，开发了一个非常现代化的手机操作系统，即安卓系统，目标是为智能化手机提供支持。该系统能够支持强大的互联网应用，同时可以打破电信运营商的垄断。安卓系统的问世，终结了诺基亚时代手机的使用不便。谷歌开发出安卓系统之后，并没有因为首先开发出安卓系统，而把这个系统据为己有。谷歌把安卓系统作为开放系统公布出来，供所有的智能手机制造商免费使用。什么目的呢？谷歌认为，基于安卓系统的线上广告一定能够收回开发成本。从安卓系统的问世开始，它就打破垄断，完全开放自由竞争。这使得安卓系统在多个智能手机操作系统的竞争中脱颖而出，成为行业标准，无人不知，无人不晓。这个竞争理念，我觉得我们应该好好学习。

安卓系统的创始人叫鲁宾。如果他在我们中国生活的话，他估计是很难有出头之日的。只有在美国的环境中，他才有机会冒出来。为什么？因为美国有非常好的知识产权保护系统，有非常好的商标法。在美国，你不需要商标，也不需要注册专利，你只要开发出这个产品，美国法律就会保护你。虽然你没有注册商标，你也没有注册过专利，但是只要你能证明产品是你先开发出来的，美国法律就会保护你。我希望我们能不能首先吸收这个观念，注重商品，而不是仅仅注重专利和商标。我们要保护没有专利、没有商标的商品，而不要保护没有商品的专利和商标。

这一想法要实现起来非常困难，需要配套法律的修改和完善才能达到目的。这有什么好处呢？以安卓为例，几个宅男，因为不满诺基亚手机使用的不便，最后成功开发出安卓系统。该系统开发出来后，很快就被谷歌给收购了。谷歌除了给安卓系统的开发团队一笔可观的费用之外，还把当时 18 名主创人员的核心鲁宾纳入自己麾下。安卓系统问世之后，谷歌给了鲁宾几百万美元的红利。这鲁宾还很有意思。他是个理想主义者，他把这笔钱分给了很多一起参与开发的哥们儿，每个人拿到 1 万美元到 5 万美元不等。

鲁宾为什么在美国能够成功呢？在美国，当他发明出安卓系统后，谷歌不可能抄袭，因为美国有非常完善的知识产权保护法。虽然安卓系统的开发团队没有注册过商标，没有注册过专利，但这没有关系，只要他有证据证明安卓系统是他发明的，如果谷歌侵权，谷歌一定败诉。最后什么结果呢？谷歌只能收购安卓系统的知识产权，不但成就了安卓系统的创新，同时也成就了鲁宾这个人。如果在中国，鲁宾怕是难有机会成为安卓之父。

再举个例子，腾讯抄袭了网易的客户端，网易只能表示抗议。为什么？因为网易没有去商标局注册，就这么简单。所以，腾讯可以明目张胆地抄袭网易的客户端，而网易无可奈何。我们的商标法、专利法，以及其他一些法律法规，是不保护创新的。我们保护的是什么企业？我们保护唯冠，我们保护广药集团，但是，我们保护不了安卓，保护不了加多宝，保护不了鲁宾！

因此，一个城市若想成为高科技创意中心，不能像我们现在很多城市做的一样，搞一个科技园区，然后通过土地优惠、税收优惠招商引资。这是不对的！我们需要一个正确的法律思维。这比什么都重要。我们要保护和鼓励创新，让创新者和他们的产品都能得到保护。

我们能不能够适度地修改法律，以保护没有商标没有专利的商品，而不是保护没有商品的商标以及专利？按照这个思路，我们能够拟定出一整套相关法令，特别是知识产权法和商标法。我觉得从一个城市开始，而不应该等到时机成熟之后再在全国普遍推广。如果哪一个城市能够率先推出这个理念，我相信，这个城市将成为中国高科技创新型的城市，一定能够成功带领中国进入下一个时代。

▶ **第十九章**
线上线下融合发展

> ▶ 阿里巴巴从与苏宁的联姻中怎么得到好处呢？它可以使用苏宁的物流系统，阿里巴巴把一部分网购业务派生出的物流服务需求分给苏宁，苏宁物流网络的使用效率马上上升，规模经济马上起来。
>
> ▶ 现在是体验经济时代，缺乏体验这一环节，商家的经营很可能会出问题。什么叫体验经济？未来的销售模式很可能是线上下单，线下直接上门服务，商家提供定制化服务。这就构成了体验经济。

一、阿里与苏宁的联姻是否良缘？

2015 年 8 月 10 日，阿里巴巴跟苏宁宣布联姻。联姻之后，阿里巴巴控制苏宁 19.99% 的股份，苏宁拥有阿里巴巴 1.09% 的股份。大家都知道，马云曾多次在不同的场合表示传统零售店面临关闭潮，而电子商务迎来大发展。那么，为什么马云还要并购线下资产呢？我们先看看马云自己当初怎么说的。2012 年 12 月 11 日，中国企业家俱乐部内部主题沙龙，马云和王健林打赌，马云认为电子商务一定可以取代传统零售业务，后者至少会死掉一大半。马云还强调，找不出任何理由相信传统的零售店会胜过阿里巴巴。2013 年 3 月 22 日马云说，阿里巴巴的销售额已占整个中国零售市场的 5%，未来五年内，中国 30% 的零售业务将在网上完成。

网购在中国确实风起云涌，势不可挡。可是我们认为，网购之所以比实体店好，不是因为网购是一个先进的营销模式，而是因为实体店的竞争力太差。为什么差？因为实体店负担的税费过重，负担的房租过重。而网购既不用缴纳税费，也不用付房租，所以它的竞争力当然比实体店有优势。可是我想问一问各位：我们的网购有什么创新？从网上购买的 iPhone 手机很多是水货，而且，很多网店卖家是从工厂拿货的小批发商，甚至是从代理渠道拿货的小批发商，然后通过网络将产品销售给消费者。这里面有什么创新？如果这样的网购就是中国的"新经济"，那我为中国的新经济哭泣。

与中国网购所呈现出的火爆景象相比，美国的情况刚好相反。美国实体店中商品的价格比网购便宜得多。请看图 19-1。2006 年中国网络零售额为 258 亿元，2015 年这一数据暴增至 3.88 万亿，十年时间网购的交易额增长了 150 倍。这个数字是非常惊人的，中国没有其他哪一个行业有如此之高的增长率。但是请注意，我们中国网购不可能无限期地增长。

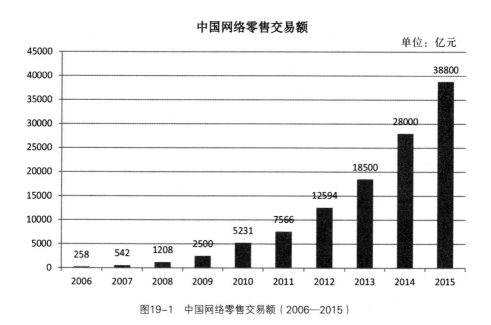

中国网络零售交易额

图19-1　中国网络零售交易额（2006—2015）

再请看图 19-2，看一下 2006 年到 2015 年间中国网购的增长率。从 2007 年开始，中国的网购进入加速发展期，连续四年网络零售额增长率超过 100%，分别是 110%、123%、107%、109%，增速惊人。可是各位请注意，到了 2011 年之后，网购增长率大幅度下降：2011 年的增长率是 44.6%，2012 年是 66.5%，2013 年是 42%，2014 年是 51.4%，2015 年的增长率降至 33.3%。也就是说，与 2010 年之前相比，网购增长率已经减半，甚至更低。当然了，从绝对数值来看，与其他行业相比，网购增长率还是很高的。

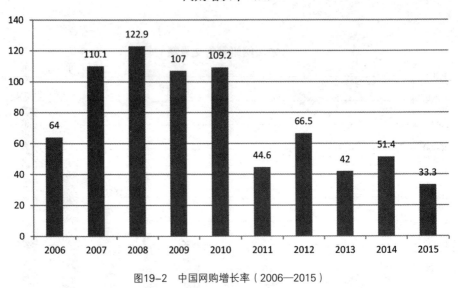

图19-2　中国网购增长率（2006—2015）

　　因此，马云不得不有危机意识。再过几年，网购增长率可能会在50%的基础上，再来一个减半。这是绝对有可能的。网购发展特别迅猛，导致大量零售店关门歇业。请看图19-3，主要零售企业关店情况统计。如图所示，2012年有32家店面关门，2013年有35家关门，2014年有201家关门。2015年上半年就有120家关门。如果按照这个速度下去，2015年全年可能会有240家店面关门。关门的零售店面都有哪些呢？包括百盛关了5家，玛莎关了5家，华堂关了4家，还有王府井、卜蜂莲花、乐购超市、大洋百货等都有店面关张。这就是目前中国的营商现状：实体店经营非常困难，网店交易额的增长率也是下降了一半。所以我相信，这个时候马云应该有一些危机意识。

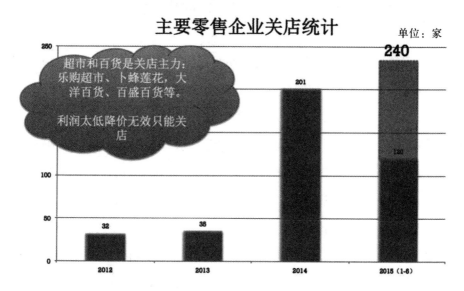

图19-3　主要零售企业关店情况统计（2012—2015）

　　所以，阿里巴巴和苏宁联姻了。这件事说明马云是变色龙吗？看马云自己怎么说。马云在 2015 年 8 月 10 日宣布收购苏宁股权的时候说，互联网公司未来 30 年的机会，一定在线下，而传统企业或者线下企业的希望一定是在线上。双方在未来 30 年必须融合在一起。互联网经济不是虚拟经济，互联网经济就是必须把虚和实结合在一起。

　　没错，马云确实改口风了。过去，马云自吹自擂推崇线上。自 2015 年 8 月 10 日开始，他发现线上业务未来 30 年的机会一定在线下，而线下业务未来 30 年机会一定在线上。按照马云新的观点，未来一定属于线上线下的结合，也就是 O2O。什么意思啊？我们先做一个技术性的分析，看看阿里巴巴跟苏宁的结合是否是个良缘。我们先谈物流成本和效率，从这一方面可以解释为什么两家公司结合之后，两家的股价都会涨，因为确实可以提高效率。

二、阿里降低物流成本，苏宁提升规模经济

我们拿阿里巴巴跟京东做个比较。京东每配送一单产品需要 10 个小时的时间，成本大概是 8 元；苏宁每配送一单产品平均需要 15 个小时，物流成本是 13 元。比较而言，阿里巴巴在物流方面是做得最差的。因为它没有自己的物流系统，它必须用第三方物流，所以，阿里巴巴每配送一单产品平均需要 67 个小时，每一单的配送成本是 19 元。京东的物流配送速度是全世界最快的，绝对超过亚马逊，当然也超过苏宁和阿里巴巴。

请各位想一想，苏宁难道不如京东吗？也不能这么说。那为什么苏宁配送商品的时间比较长，成本比较高呢？京东当天能够送达区域包括 135 个城市，称为"211 限时达"；第二天送达的叫"次日达"，又可以覆盖 951 个城市。可是苏宁不一样，苏宁在全中国 2800 个县（区）当中，它的门店就有 2500 个，其中，90% 的门店都可以做到类似于京东的次日达服务。这是非常了不起的成就！ 2500 个城市，90% 可以做到次日达，和 951 个城市完全是不同的两个概念。所以苏宁的潜力是不可想象的。

苏宁的物流成本略高，原因是苏宁覆盖的城市比较多，没有达到规模经济，物流网络的使用量是不足的。以 2015 年第一季度为例，苏宁的网购规模只有 59 亿元，而京东有 509 亿元，后者比前者高出一个数量级。规模经济上的差距使得苏宁的成本必然高。此次苏宁与阿里巴巴联姻，会带来什么不同？各位请记住，阿里巴巴有 3.4 亿用户，只要把这些用户拨一部分给苏宁，马上就能提高苏宁的物流使用效率，苏宁马上可以到达规模经济，它的成本自然下降，速度也会加快。所以，联姻对苏宁是有好处的。阿里巴巴没有自己的物流系统，只能使用第三方物流，平均每单要耗费 67 个小时，成本接近 20 元。马云也看到了这一点，所以要搞一个菜鸟网。菜鸟网于 2015 年正式推出，有了第一个仓库，但菜鸟网不是对接到每一个商户。各位请注意，我刚才讲的京东的例子，多数成本是花在物流配

送的最后一公里。京东的三板斧基本上是最后一公里才产生真正的成本，因为菜鸟网没有对接到每一个商户，它解决不了最后一公里的成本问题。所以，就算马云搞了菜鸟网，就算马云设立更多仓库，阿里巴巴的物流效率还是不会高，因为物流的成本发生在最后一公里。

阿里巴巴从与苏宁的联姻中怎么得到好处呢？它可以使用苏宁的物流系统。阿里巴巴把一部分网购业务派生出的物流服务需求分给苏宁，苏宁物流网络的使用效率马上上升，规模经济马上起来。苏宁曾宣称：河北阜平运送一个 20 块钱的产品到阜平的乡下去，按照电商配送的一般情况估算，可能要 200 元的成本；苏宁有独特之处，它可以通过配送系统将货物送到苏宁靠近阜平的门店，然后通过大数据分析，找一个正好要去阜宁乡下的司机将货物顺便捎带过去，大概只需要 5—10 元的成本。对阿里巴巴来说，这就是跟苏宁合作的好处，物流的速度加快，成本也可以降低。各位请看图 19-4，我们可以发现阿里巴巴与苏宁合作之后，阿里与苏宁每件快递平均耗时 2—10 个小时，与合作之前相比，双方都有明显提升。当然，这一数据是阿里巴巴披露的，能不能到达这个水平我表示怀疑。可是我们假如它能达到 2—10 个小时的水平，就意味着他们可物流配送效率甚至超过了京东，那是不得了的水平——我说过京东的物流效率在全世界排第一。

合作之后，阿里与苏宁单件物流成本下降到 5—10 元，与京东差不多。阿里和苏宁的物流速度可能比京东稍快，成本和京东差不多。这就是一个技术性的优势。换句话讲，阿里巴巴跟苏宁结合之后，它们的物流速度、物流成本都大幅下降。

这本身已经是很大的成就了。可是你想想有这么简单吗？难道它们看到的就是这一点吗？阿里与苏宁的结合就只是为了降低物流的成本、提高物流的速度吗？当然这也是很好的了，不过我希望大家能看到更深层次的东西。

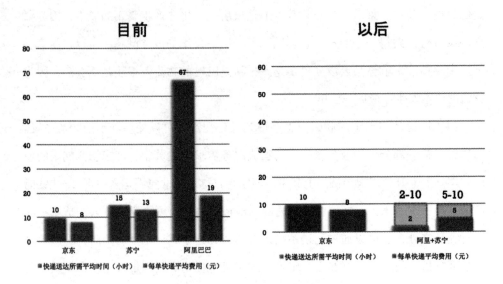

图19-4　阿里巴巴与苏宁联姻前后配送成本、效率比较

2015 年 7 月 31 日，苏宁易购在北京的首家云店正式开业，搞了一个八大体验中心。我不知道这八大体验中心与苏宁、阿里巴巴之间的结合有什么直接联系，但这个体验中心却让我产生一个新的疑问：马云为什么要拓展线下业务？除了提高阿里巴巴的物流效率之外，是不是还有其他的想法呢？会不会是线上下单、线下体验？我们看看他们自己怎么说的。

三、虚实结合，打造体验经济

阿里与苏宁的合作发布后，双方一致同意，苏宁公司所有门店向阿里巴巴集团用户开放，对消费者提供物流服务、售后服务和支付结算，提升用户体验。苏宁协助阿里巴巴集团开展线下营销活动和客户关系的维护工作，"体验"第一次出现在文字上。而 2015 年 7 月 31 日，北京云店开业之后，八大体验中心，包括智能家电生活馆、智能穿戴专区、新奇特专区、游戏体验区、互动体验区、互联网品牌手机专区、苏宁服务体验专区、海外购专区，还有家居体验馆、儿童乐园、咖啡馆、消费金融展区一应俱全，在电器堆里面学烘焙、学摄影、品尝美食等，是真正的体验。

现在是体验经济时代，缺乏体验这一环节，商家的经营很可能会出问题。什么叫体验经济？未来的销售模式很可能是线上下单，线下直接上门服务，商家提供定制化服务。这就构成了体验经济。体验经济现在非常重要。请看图 19-5，中国奢侈品市场的增速。根据贝恩咨询发布的报告，中国奢侈品市场在 2011 年的增速为 30%，但 2014 年的增速变为 -1%，其中男装 -10%，腕表 -13%，奢侈品做得很差。

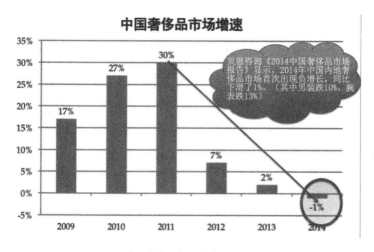

图19-5 中国奢侈品市场增速（2009—2014）

前面我们讲过，大量零售门店关门歇业。我们再回顾一下图 19-3。2014 年关了 201 家，2015 年上半年关了 120 家。按照这个速度下去，2015 年估计要关店 200 多家。像玛莎、华堂、百盛、王府井、卜蜂莲花、大洋、乐购等零售巨头都在关闭各自旗下一些亏损的门店。

　　有没有做得好的呢？先不谈奢侈品，以主营一般消费品的玛莎和华堂为例。在价位上定位与玛莎和华堂差不多等级的服装品牌应该是 H&M 跟 ZARA。H&M 在 2015 年上半年的销售额同比增长 27%，新开了 20 家门店；ZARA 在 2015 年上半年的销售额同比增长 21%，新开了 13 家门店。与玛莎、华堂、百盛不一样，H&M 跟 ZARA 不但没有关店，反而新开店面，销售额还增加了。为什么？因为 H&M 跟 ZARA 强调的就是体验。

　　我以 ZARA 为例。上海的南京西路和淮海路是上海最高端的购物区，而 ZARA 在那里的门店看起来富丽堂皇，就像奢侈品的门店，但是它的衣服却是以非常便宜的价格在销售。用最低的价格，像在玛莎、华堂一样的平民价格，享受最奢华的体验，所以 ZARA 能够成功。

　　谈完一般的零售店，再来谈谈奢侈品。2014 年第四季度、2015 年前两季度，奢侈品消费都是负增长。消费的不景气导致奢侈品门店也出现大量关闭的现象。比如，2015 年第一季度，普拉达关了 33% 的门店；阿玛尼（ARMANI）关了 4 家；香奈儿（CHANEL）只剩 11 家门店维持经营，与鼎盛期相比，已经关了一半门店。为什么会有这么多奢侈品店关门？过去我们以为，像这种高端奢侈品应该是体验消费，其实它不是体验消费，它是设计师的消费。各位要知道，设计师通常是一群不接地气的人，他们设计的产品很难受到大众的喜爱。奢侈品店大量关门的现象说明，品牌引领潮流的时代已经一去不回头了。什么才能带领潮流呢？只有为消费者量身订做的体验才能带领潮流。

　　图 19-6 是 2013—2014 年消费者对奢侈品牌 LV、普拉达带有显著品牌标志的看法变化。对奢侈品带有明显品牌标志的看法，有五组柱状体。我们将其分为两部分，左边的部分包含两组柱图，右边的部分包含三组柱图。先来看左边的部分。消费者认为奢侈品带有显著品牌标志很好看的比例，从 2013 年的 43% 跌到了 2014 年的 30%；认为带有奢侈品标志能够展现自我身份的比例，从 2013 年的 44% 降到 2014 年的 28%。显然，"很好看"与"展现身份"两项调查对应的

数据都是大幅下降。

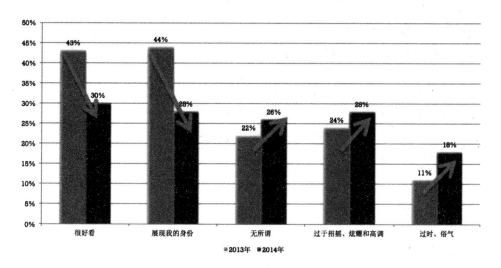

图19-6　消费者对奢侈品品牌标志的看法变化

右边三组数据情况相反。持"无所谓"态度的消费者比例从22%涨到26%；认为带有奢侈品标志会显得"过于招摇、炫耀和高调"的消费者比例从24%涨到28%；认为带有奢侈品标志显得"过时、俗气"的消费者比例从11%涨到了18%。数据清晰表明，消费者对奢侈品带有品牌标志的喜好已大大降低，越来越多的人认为奢侈品带有品牌标志会显得"过时、俗气、无所谓、招摇、炫耀"等。 2015年1月贝恩咨询发布的报告显示，中国消费者对于奢侈品的偏好正在发生变化：第一年轻化，更加注重设计、时尚、潮流；第二成熟化，对品牌的偏好呈现多样化、专属性，无需明显的品牌标识；第三专业化，越来越多的消费者需要全方位的体验式奢侈品，比如与设计师合作，参与产品设计过程等。那有没有成功的呢？有！

大杨创世过去是大连的一个卖服装的个体户，后来发展成为上市公司。大杨创世采取线上下单、线下设计的策略，强化客户的定制化体验，连股神巴菲特都是他们的客户。2015 年第一季度，大杨创世的销售额增长了 40% 以上，增速惊人。诀窍就是大杨创世把他们的衣服也做成了奢侈品，卖的是高端奢侈品的价格，用的就是体验式定制化营销策略。

有体验就能做得好。对一般的百货公司而言，H&M 跟 ZARA 的成功，是体验经济的成功。对于高端奢侈品而言，大杨创世的成功，也是体验经济的成功。所以，未来的趋势是线上线下的结合，就像大杨创世一样，线上下单，线下体验，而这可能才是阿里巴巴跟苏宁联姻之后要追寻的道路。

► **第二十章**

如何监管互联网金融？

► 一个支付宝就已经说明了问题，这种新型的支付工具没有得到有效监管。为什么？大卸八块的监管，跟不监管的结果是一样的，必然是无从监管，也没人负责。

一、互联网金融监管存在什么问题？

2015 年末，一个很重要的金融话题浮上台面——互联网金融安全。很多朋友都使用过支付宝或者微信。大家有没有想过支付宝、微信在给你带来方便的同时，它的风险有多大？阿里巴巴、腾讯是国内互联网企业的标杆，我承认他们没有想干坏事的意思，到目前为止做得还是非常不错的。但各位晓不晓得，支付宝或者微信知道你的银行账号密码，同时他们还拥有自动转账权，知道你的身份证号码、手机号码、家庭住址、消费习惯等。以小人之心设想一下：如果他们是一般的小公司，心怀不轨，想卷钱跑路或想讹诈人的话，他们有能力轻而易举干成这个事。当然我得说，支付宝和微信目前是在非常规范的情况下运作，他们有零风险的余额宝，甚至在销售基金时也会提示风险。但大家知不知道，如果支付宝想干坏事的话是可以做到的？因为支付宝作为一种新型支付工具出现之后，政府的监管是不到位的，是跟不上业务创新速度的。因此，最近"互联网＋金融"这一个新的发展态势，给我们中国的市场带来极高的风险。

2015 年 11 月 3 日，新华社发布习近平《关于〈中共中央关于制定国民经济和社会发展第十三个五年规划的建议〉的说明》。习近平表示，近来频繁显露的局部风险特别是近期资本市场的剧烈波动说明，现行监管框架存在着不适应我国金融业发展的体制性矛盾，也再次提醒我们必须通过改革保障金融安全，有效防范系统性风险。

习近平总书记的讲话发表之后，很多单位和个人都提出了自己的解读。2015 年 11 月 5 日，中央汇金公司副董事长李剑阁说，金融领域分业监管的框架已经形成明显的利益固化，部门分割的状况已不适应中国金融发展。2015 年 11 月 13 日，全国人大常委会委员财经委副主任尹中卿建议，待条件成熟后，把人民银行、银监会、证监会、保监会合并。11 月 18 日，吴敬琏说，金融领域监管体制的改革进展并不好，监管体制改革的滞后是造成 6 月份股灾的重要原因。

大部分观点都是简单地重复习近平总书记的话。不过习总书记的话已经清楚指明，我们当前的金融监管体制已经不适合新型互联网金融工具的发展。前文我们谈到了支付宝的问题。仍以支付宝为例，我再给各位讲一个非常有趣的故事，各位一听就明白了。

2015 年 7 月 18 日，国务院把 10 个部委集合在一起，讨论支付宝的监管问题。各位晓得这个问题多么有趣吗？一个小小的支付宝，细细查看后发现，我们现行金融监管体制是监管不了的。为什么？按照现行监管体制，我们必须把支付宝的监管大卸八块。什么意思？我们一起来看一下。使用支付宝在网上购物，涉及支付和转账。由谁监管呢？这属于央行监管范围。支付宝有借钱的功能（蚂蚁花呗），这属于银监会监管范围。支付宝还可以用来购买货币基金、股票基金等，这属于证监会监管范围。使用支付宝购物时可能同时购买了保险。由谁监管呢？这属于保监会监管范围。支付宝还有聊天的功能。各位猜一下这是该由谁监管？答案是工信部和国家互联网信息办。此外，支付宝的财务制度由谁监管呢？由财政部监管。支付宝还涉及很多"价格行为"，比如打折、手续费。各位猜一下这又是由谁监管？由工商总局监管。一个小小的支付宝，如想全面监管它的话，必须大卸八块，由八个不同的单位共同监管。换句话讲，对一个简单的支付类 APP 进行监管，必须将其拆成八块，硬塞入现在的监管体制当中。

总共十个部委参与讨论支付宝的监管问题。其中八个部委是监管部门，还有两个部委是谁呢？它们是不负责监管的，一个叫做公安部，另一个叫国务院法制办。其他八个部门都要负责监管，你不觉得很好笑吗？问题来了：这其中很多部门的级别都是一样的，相互之间缺乏协调，能监管得了吗？很难吧？

最近社会上有很多跑路的 P2P 公司老板、贵金属交易所老板。如果跑掉的这些不负责任的人也建立一个类似阿里巴巴的平台怎么办呢？老百姓的钱还有安全保障吗？看到这里，是不是感到毛骨悚然？

一个支付宝就已经说明了问题，这种新型的支付工具没有得到有效监管。为什么？大卸八块的监管，跟不监管的结果是一样的，必然是无从监管，也没人负责。

二、P2P场外配资引爆千股跌停

除了支付宝之外，还有各位最关切的股市问题。股市跟金融工具又有什么关系呢？股市与金融工具的关系是非常密切的。始于 2015 年 6 月 12 日的股灾是怎么发生的？我用三个炸弹的故事来解释。

第一个炸弹就是大股东套现（包括基金、证券公司）。他们在股灾发生前的一年多时间里，总共套现了 6.6 万亿元以上。套现了这么多钱，当然给股市带来了沉重的压力，这是一定的。

第二个炸弹叫做杠杆，或者叫配资。2015 年 6 月份，A 股市场上的配资高达4.8 万亿元。巨量的配资是非常可怕的，一定造成千股跌停的局面。只要股价稍微下跌，马上便跌停，接着还有第二个、第三个跌停。只要配资存在，就极可能造成千股跌停的悲惨局面，又给股价暴跌带来沉重的压力。

第三个炸弹叫做卖空。2014 年 10 月 16 日，中金所推出了非常可怕的卖空机制——股指期货，分别叫做上证 50 和中证 500。股指期货工具推出后，市场环境变得与过去差别很大，上证 50 是针对大盘股，中证 500 是针对中小盘股。他们非常有效，非常有杀伤力。

2015 年 6 月 12 日，卖空量达到 3.5 万手的时候，这三个炸弹可以说是同时爆炸。我想请问各位朋友：这三个炸弹应该由谁监管？

第一个炸弹大股东套现，应该由证监会监管，但证监会肯定监管不到位。

2015 年 7 月 8 日，为了应对股灾，证监会出台了新的规定：大股东（包括基金、证券公司）6 个月之内不得通过二级市场减持本公司股份。可是，这还是个不到位的监管，为什么呢？按照国外严格规范的监管规定，如果大股东套现之后股价出现大幅下跌，要抓人才行。而且郎教授发现，7 月 8 日，有一个大股东账户当天卖出总金额 15 亿元，造成市场恐慌，股价暴跌，最后该账户竟然撤单99.18%。这证明这个大股东还有价格操纵的行为，监管当局也必须抓人，但却没抓。

第三个炸弹卖空由谁监管？卖空也应当由证监会监管，但仍然是不到位的。最让人悲哀的是，最后发现本应该承担救市责任的证监会之中竟然出现了叛徒，也在大肆卖空。2015 年 8 月 25 日，政府祭出大招，开始抓捕内鬼。这说明证监会的监管是不到位的。

我想重点谈的是第二个爆炸——配资。配资由谁来监管？大家注意，目前没有配资的准确数据，但是我们知道，很大一部分配资的钱来自银行。这部分的资金流向是非常存疑的。配资分为三个部分：第一个部分叫做场内配资，是由证监会监管的，差不多有 2.04 万亿的规模；第二个部分叫做线上配资，也称为互联网配资，规模大概有 1 万多亿元；第三个配资叫做线下配资，有 1 万多家公司参与，其中包括很多新型的 P2P 互联网公司参与其中，规模也是 1 万多亿元。三个部分加在一起，2015 年 6 月份的峰值大概有 4.8 万亿元的规模。这个配资有监管吗？

场内配资是可以监管的，证监会的监管也没有问题。问题出在另外两部分配资上。互联网线上配资与线下配资由谁监管呢？线上配资没人监管，线下配资也没人监管。大量 P2P 互联网金融公司在银行与股票市场之间操作，翻云覆雨，监管却跟不上。其实，在 4.8 万亿元的配资总盘子里面，很多配资的钱都是来自于银行。银行由谁监管呢？由银监会监管。但是这里有银监会监管吗？未必。P2P互联网公司由谁监管？不清楚。换句话说，这个配资由谁监管，我们都不知道。

所以，第一个炸弹——大股东套现，证监会监管不力；第二个炸弹——配资，大部分不知道由谁监管；第三个炸弹——卖空，证监会监管不力。2015 年 6 月 15 日三个炸弹同时爆炸。为什么爆炸呢？6 月 13 日，证监会要求证券公司自我清理配资，这是导火索。而从 6 月 15 日到 7 月 8 日，股指暴跌 30% 以上，有 10 次出现千股跌停的惨烈局面。为什么跌停呢？这就与第二个炸弹——配资有关。我说过，一旦配资过度，一定会造成千股齐跌的局面。三个炸弹当中，证监会没有监管好第一个与第三个炸弹，第二个炸弹中的大部分配资没人监管，不知道由谁来监管。所以，这次股灾和金融监管部门的监管不力是高度关联的。

三、P2P 的现状与危机

缺乏监管的情况下，一大堆互联网金融产品出来了。

我先谈一下 P2P 互联网平台。P2P 互联网平台始于 2011 年，2013 年声名鹊起，2014 年总共有 2012 亿元资金量注入 P2P 互联网金融平台。到 2015 年 11 月底为止，总共有 8882.7 亿元资金注入 P2P 互联网平台。请问谁来监管？没有监管单位！这就是为什么 2015 年大量的 P2P 互联网金融平台出现了问题。

请看图 20-1，2014 年，有 127 家 P2P 互联网平台跑路，116 家提现困难，23 家停业，以及 6 家诈骗、刑侦介入。2015 年，有 435 家跑路，241 家提现困难，102 家停业，10 家诈骗、刑侦介入。

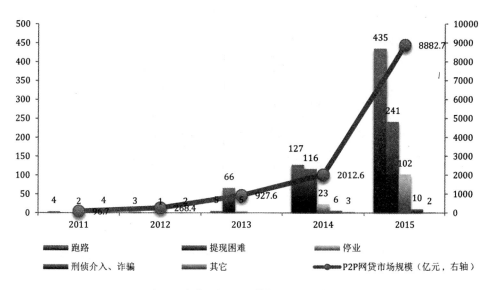

图20-1　P2P问题平台数量与P2P网贷市场规模统计（2011—2015）

以P2P互联网金融为例，出问题的平台到底有多大比例呢？各位请看图20-2。以2015年11月为例，出问题的P2P平台，包括跑路、提现困难、停业、刑侦介入、诈骗等，总共占全部P2P平台的31%，也就是接近三分之一的平台有问题。这个比例是非常非常高的。2015年4月，这一比例更高，达到34%。从2015年4月与11月的两次统计数据来看，出问题平台的比例没有大幅增加，都是维持在30%多一点。可是，半年来增加非常多的P2P互联网公司，从2015年4月、5月的1900多家，到11月底的3679家，半年时间P2P互联网金融平台的数量多了一倍。由于经济下行压力大，而借款人很多都是制造业的，如果这些借款企业出现问题甚至倒闭，依附在制造业之上的大量互联网金融平台，雨后春笋般地冒出，当然会爆发很大的危机。

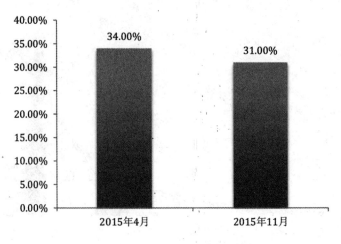

图20-2　问题P2P平台所占比重

中国目前有695家形形色色的交易所，基本上都是由地方政府推动设立和监管的，都没有专业单位的专职监管。全国695家交易所中，有大中小三种类型。

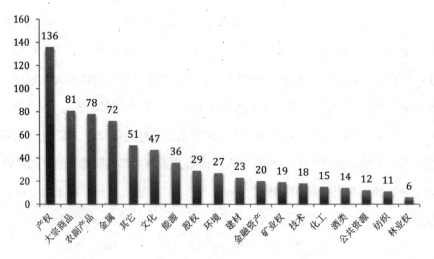

图20-3　分类别交易所数量统计

数量最多的四大类交易所，包括 136 家产权交易所，81 家大宗商品交易所，78 家农副产品交易所，72 家金属交易所。这四大类交易所，都是没有监管的。

另外，还有一百多中型交易所，包括 47 家文化交易所，36 家能源交易所，29 家股权交易所，27 家环境交易所，23 家建材交易所，20 家金融资产交易所，也一样是由各地方政府所推动和监管，实际上没有真正的监管单位。

最后，小型的交易所有 19 家矿业权交易所，18 家技术交易所，15 家化工交易所，14 家酒店交易所，12 家公共资源交易所，11 家纺织交易所，6 家林业权交易所，还有 51 家其他交易所因为太细了无法分类，加在一起总共有 695 家交易所。这些小型交易所通常都是没有监管的。没有监管什么结果呢？这几年爆发的很多交易所的危机都是由于监管缺位造成的。

请注意，在交易所投资的风险也是非常大的，有些交易所是拿新投资者的钱来还老投资者的钱，完全是一个骗局，风险非常大。

四、互联网金融有效监管三原则

2016 年 8 月 24 日，期待已久的 P2P 网贷监管细则终于落地，银监会官网正式对外公布《网络借贷信息中介机构业务活动管理暂行办法》。这意味着 P2P 无监管的时代已终结。在监管的重压下，大潮逐渐消退，平台有的转型，有的退出，网贷行业进入冷静期。虽然细则已出，但未来还有很多改进的余地，在此，我想提出我对互联网金融监管的看法，简单说，就是监管三原则。按照我讲的去做监管，就能更好地保护我们投资人。

第一，要确保 P2P 互联网平台的资金必须有第三方托管，而且是像基金一样严格的第三方托管，让运营方没有可能携款潜逃。

第二，必须是足额担保。可能会有很多借款人想问：足额担保是什么意思？借款人要通过 P2P 平台借款，必须拿资产来做抵押。比如拿价值 100 元的房地产拿来抵押，P2P 平台可以按照 30% 的折扣放款，30 元借款对应发行 30 个认购单位，每个单位 1 元钱，卖给 30 个投资人。一旦借款人还不起钱，P2P 平台有责任去拍卖掉价值 100 元的抵押资产。假设拍卖以 50 元的价格成交，可以拿 30 元还给 30 个投资人，确保这 30 个投资人的债权。有了足额担保，债权人的权利就能得到保障。

第三，资金流向必须透明。投资者购买了 P2P 平台发行的产品后，资金进入到平台里面的哪一个项目，是哪一个资产做的担保，P2P 平台必须明确。

如果按照郎教授讲的监管三原则去执行，P2P 平台不可能出很多问题。甚至赔钱都不太可能，因为第二项是足额担保，能够保障投资人利益。目前只有 5% 的互联网金融平台能够自觉做到符合上述三个标准。所以，郎教授警告投资人一定要注意互联网金融的高风险。目前投资 P2P 互联网平台风险是非常大的，投资人一定要警惕。投资 P2P 互联网金融产品，能获得大概 7%—10% 的回报。这个回报看起来不错。投资银行理财产品的回报是 5%—8%。但风险是不一样的：银行理财产品的风险目前是 0.03%，而互联金融的风险是 31%，差太多了。

如果实在想投资互联网金融怎么办？投资人须详细考察郎教授讲的三个原则有没有被执行？第一，是否是第三方托管？第二，是不是足额担保？第三，资金流向是不是足够透明？如果是的话，风险相对低一些。但是我告诉各位，风险再低，也是有风险的。投资人如果想要没有风险的话，就不要投资互联网金融，只投资银行存款，而且选择四大行的存款，一年 3% 的利息，或者存入余额宝——这个风险也是很低的。投资银行理财产品，风险会提高；投资 P2P 互联网金融产品，风险会更高。

新型金融工具出来之后，美国、英国等所有国家一样，都出现了监管的问题。人家怎么监管呢？我们一起来看看他们是怎么监管新型金融工具的。

先看英国的监管。请看图 20-4。在新型金融业态出现之后，英国政府为了应对新型金融工具，监管体制随之改变了。在此次监管体制改革之前，1997 年，英国成立了金融服务管理局，下面分成三个单位：银监会；证监会；保监会。因此，中国的"一行三会"和当初1997年英国金融服务管理局的组织形态类似。

到了2013年10月，太多新的互联网金融工具出来，英国的金融管理体制随之进行调整。监管体制改革之后，英国的中央银行负责监管，中间通过一系列的委员会，最后形成最下面一行的四个专业监管单元。这四个监管单元，从功能上来看，就相当于中国的银监会、证监会、保监会。换句话讲，英国监管体制改革后，银监会、证监会、保监会合并在英格兰银行之下。

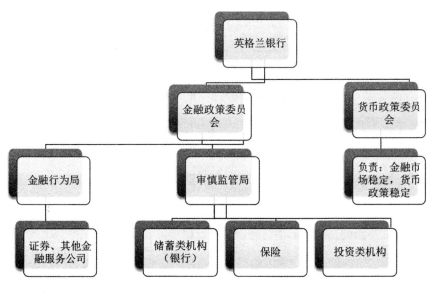

图20-4　英国金融监管框架

美国也是一样。2008年美国金融危机后，美国政府也发现了金融分业监管的弊端：没有一个联邦机构能够有足够的法律授权来负责监管金融市场的整体风险，最终导致了金融危机。2010年7月21日，奥巴马签署金融监管改革法案，美联储成为超级监管者。美国金融市场从过去的分散监管变为统一监管，一切金融监管权都归于美联储，监管范围将不再局限于银行，还覆盖到所有可能对金融稳定形成威胁的企业，如对冲基金、保险公司、场外金融衍生工具等非银行金融机构。

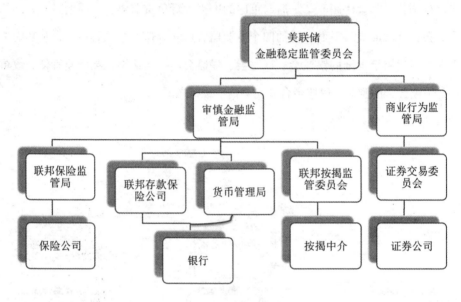

图20-5　美国金融监管框架

美国和英国的监管体制由过去的分业监管模式，变革成为中央银行牵头的统一监管体系，中央银行下设银监局、保监局、证监局，由中央银行行使协调作用。这一改革思路是国际的潮流。我们政府应该仔细考虑一下，找出一个最符合中国国情的办法，好好监管这些产品，保护投资人利益。

▶ 第二十一章
中国的创新之路

▶ 美国和欧洲在全球形成两大主流创新体系：一个是美国的风险投资体系，一个是欧洲的工匠制度。中国呢？我们应该走什么路呢？

一、美国对创新的激励制度

2014 年 9 月的夏季达沃斯论坛上，李克强总理公开发出"大众创业、万众创新"的号召，激起了一连串的热烈回响。我想对李克强总理的倡议做一个更深入的解读。

奥巴马是这么说的："今天拥抱创新的国家，将在明天主导全球的经济。"在全球经济中，我们实现繁荣的关键，绝不在于通过少付工人工资、制造廉价劣质产品的方式去竞争。这不是我们的优势，更不是我们成功的关键。凭借开发新产品、创造新产业以及保持我们作为科学发明和技术创新的世界引擎去竞争，对我们的未来才是至关重要的。

我们国家过去这么多年发展所用的低成本、高耗能、危害环境的生产方式应该被淘汰掉。我们要走什么路呢？那就是通过"大众创业，万众创新"的新思维，走向创新的发展阶段。

以前我谈过很多次创新，创新到底重要不重要？请看图 21-1。2014 年 7 月 18 日，美国康奈尔大学、欧洲工商管理学院和世界知识产权组织，在悉尼发布《2014 年全球创新指数报告》。创新指数得分最高的是瑞士，第二名是英国，第三名是瑞典，第四名是芬兰，第五名是荷兰，第六名才是美国。你不觉得很奇怪吗？前五名统统是欧洲国家，最富创造力的人统统都是欧洲人。咱们中国的创新指数排在第 29 名。日本也不怎么样，排在第 21 名。可是为什么？为什么美国的创新能力不比欧洲强，却主宰了全世界的科技发展？

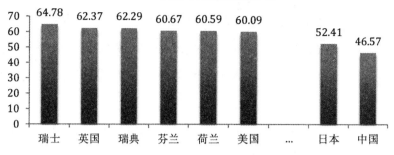

图21-1 2014年全球创新指数排名

针对这一问题，英国前首相撒切尔夫人曾讲过的一席话，堪称至理名言。撒切尔夫人说，欧洲在高新技术方面落后于美国，并非由于欧洲科学设备低下，而是由于欧洲在创业投资方面落后于美国。这话什么意思呢？我来给大家做一个解读。问题的根源在于，美国具备的三个优势是全世界其他所有国家都做不到的。

第一个优势是美国独一无二的移民政策，将全世界最优秀的人才尽数吸纳到美国去。以硅谷为例，50%—60% 的人才来自于其他国家。请看图 21-2。2013 年世界移民报告，累计移民加入美国国籍的有 4580 万人，移民欧洲的是 1900 万人，中国是净流出 850 万人。

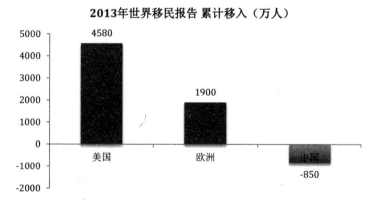

图21-2 2013年美国、欧洲、中国净移民数量

你身边的朋友移民去美国的是不是很多？加拿大的也有吧？请问：有没有移民去欧洲的呢？基本上没有。移民到法国和德国的可能还有一点，因为他们的产业发展需要工人。移民到瑞士、瑞典等国家的有没有呢？几乎是不可能的。欧洲国家根本是不喜欢接受外来移民的。这使得很多的聪明头脑没有办法为欧洲人所用。

再看看我们中国，我们是人才净流出国。我们国家能够移民出国的人大多是精英分子。这些精英跑到国外去，为外国人所用。今天出国的留学生如果能在学成之后回国工作，那就谢天谢地了。实际上，留学生中的精英分子不但不回国，反而是大量流失到美国去了。人才之战方面，我们已经落后于美国一大截，甚至我们还落后于欧洲。我觉得这值得我们思考。

第二，美国对创新的保障做得最好。美国商会对全世界25个主要国家的知识产权保护进行了调查分析（请看图21-3）。如图所示，美国的知识产权保护排名第一，英国排名第二，法国排名第三，中国在25个国家里面排名第17。我今天想通过这个机会，跟各位解释一下，什么叫知识产权保护。在中国，知识产权保护为什么做得不好？譬如说你侵权了，我起诉你侵权，按照中国法律规定，我只能对实际损失那一部分发起诉讼请求。假设因为你的侵权行为，我实际损失了一百元，我如果胜诉的话，你只赔我这一百元的实际损失；如果我败诉了还要自担诉讼费用。

美国不是这样的。美国知识产权保护做到什么地步呢？如果你有侵权的意图，这个思想本身就是邪恶的，美国立法的精神要求对这个邪恶的思想进行处罚，而不仅是对实际发生的损失进行处罚。所以，在美国打侵权官司如果输了，当然要先赔受害者一百元的实际损失。除此之外，针对侵权的邪恶思想还要罚多少？平均是十倍，也就是再罚一千元！这就是美国。这种强大处罚力度——不但处罚实际侵害，同时处罚邪恶的侵权思想本身。使得美国人的发明创造得到最好的保护。

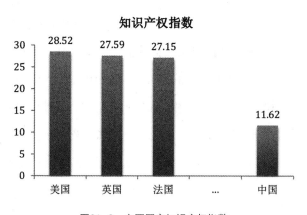

图21-3　主要国家知识产权指数

举个例子，美国的大学生可以在家研究开发一些软件。研发成功以后注册专利，然后卖给苹果。软件的开发者拿到专利补偿之后可以进行新一轮的创新，所以美国人特别喜欢发明创造。只要发明一个好的专利技术，财富就有了。我们可以吗？和美国大学生相比，我们的大学生打电子游戏的水平可能是很高的。但是我们有这种支持创新的环境吗？我看没有吧！就算是我们大学生非常努力地研究出一个科技成果，有可能不被剽窃吗？

各位想想看：如果一家大公司剽窃一个大学生的发明创造怎么办？大学生还跟大公司打官司吗？怎么打？如果大学生起诉大公司，大学生还负有举证的责任，怎么证明你有损失呢？最后你会发现，即使你赢了官司，如果你的初始研发投入是两万元，也只得到赔偿两万元的实际损失。而对于剽窃发明成果的恶意，大公司是不承担任何责任的，也不用赔偿。这就是大学生根本就没有办法搞发明的原因。他不想发明，发明也没什么用，最后被迫打电玩。这是我们国家的悲哀，没有给我们的年轻人、大众创业者提供一个能够鼓励创新的环境。为什么？因为没有一个好的知识产权保护系统。关于知识产权保护，我们有关单位一定要痛定思痛，建立一个好的法治环境。

第三，风险投资。根据《经济学人》的报道，欧洲投入高科技企业的风险投资基金的规模只占到美国的 8%。请看图 21-4：如果美国在高科技领域的风险投资规模是 100% 的话，欧洲约是 8%，而我们中国则是 0（因为中国根本没有真正意义上的高科技）。而且我们中国的高科技，坦白讲是挺可怜的。纳斯达克市场上真正的高科技公司约占 38%，中国的 A 股市场上的高科技公司有哪些企业各位知道吗？包括中兴通讯以及其周边的配套企业、华为及其配套企业，如果这些企业上市的话，可以算得上是高科技公司，但其实也不是纳斯达克市场上的那种高科技公司。这就是中国的高科技。

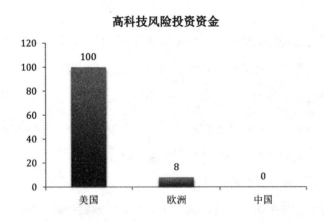

图21-4　美国、欧洲、中国高科技风险投资规模比较

　　既然没有高科技，那么请问：我们那么多的所谓的创投基金、风投基金是干什么用的呢？你会发现，他们基本上都不投高科技企业。所以，美国的风险投资是 100 的话，欧洲是 8，中国是 0。

　　在创新上，第一，我们没有一个优越的移民政策，我们没有办法吸收全世界最好的头脑，来为我们中国所用——我们不但没有，我们反而是人才净流出国。第二，我们根本没有好的知识产权保护，如果发生侵权，我们只能赔偿专利权人的实际损失。对于侵权行为背后的恶意，我们是不对其进行处分的。第三，我们基本上没有高科技公司，我们所谓的风投基金投资的基本上是一些非高科技行业。就这三大项差别，使得我们的创新同美国相比相去甚远。美国虽然不是最有创意的国家，却能引领全世界的创新潮流。

二、欧洲的工匠制度

在美国如此强大的竞争压力之下，欧洲怎么办呢？各位请注意一个很有趣的现象：美国是一个移民国家。请问当初在一两百年之前，什么人会移民到美国去？大概是希望与过去的生活环境切断的一群人！这种敢跟过去切断一切关系的人，一定是敢于冒险的人，一定是赌徒类型的人，也一定是非常强调个人主义的人。这些人到了美国以后，把美国打造成一个超级的资本主义国家，高创新、高风险、高回报。为什么？那种冒险精神、个人主义引发到极致之后，就是一个超级智能主义国家，加倍的创新、加倍的风险，当然可以取得很好的回报。

比如说今天一家公司想研发新产品，可以把过去该公司研发部门的人员以绩效不佳为由全部炒鱿鱼，然后重新聘请一批人，再重新研发。这种事情在欧洲是不可想象的，因为会产生极大的社会问题，在美国就没有关系。再举个例子，如果华尔街有什么风吹草动的话，你会发现一些投资银行会把整层楼的员工都炒鱿鱼，一个不剩！这在欧洲也是不可想象的，也会引发巨大的社会问题。留在欧洲的这些人，和跑去美国的人相比，骨子里就缺少冒险的精神，也缺少个人英雄主义的精神。欧洲人喜欢什么？他们喜欢低风险。而且再讲难听一点，欧洲人相对美国人而言，还是懒散一点。他们喜欢高福利、低风险。那怎么办呢？整个欧洲在科技创新方面，就搞了一个所谓的工匠制度。这个工匠制度和美国是完全不一样的，但是也值得我们学习。

什么叫工匠制度？我分成两类进行讨论。我以德国为例。德国一部分学生高中毕业之后，两年工厂实习，两年学校学习，四年的时间把他培养成一个技术工人，然后从初级技工到高级技工，再到熟练技工等。他沿着技能的阶梯一路往上爬，薪水随之水涨船高。企业给技工提供高薪水之后，还鼓励技工在职研究创新。这就是德国人干的事。在这一创新模式下，整个创新过程需要很多年的积累，那可不是说想创新就能创新的。欧洲人不是想要低风险、高福利吗？企业主就给技工提供高福利、低风险的工作环境，在这种情况之下鼓励技工在职创新、在职研究。这就是欧洲对于工人的态度。

欧洲对研究机构、研究人员的态度呢？也是高福利、低风险。举例来说，2014 年 2 月，欧盟推出一个"地平线 2020"计划。预计在未来几年之内，投入 800 亿欧元鼓励研究。如果是美国的话，这笔钱一定不是美国政府出的，一定是风投基金出的，由风投基金来管理。欧洲是由政府将这笔钱拨给研究单位，然后鼓励研究机构在低风险高福利的情况下把研究做完。怎么鼓励做研究？除了给研究机构和人员直接补贴资金之外，还用减税、直接拨款、政府投资、贷款、政府直接入股，甚至在产品上市之前优先采购等方式来鼓励研发。因此，在欧洲，研发机构大多都是政府推动型的。

那么，政府用于鼓励研发的钱是从哪里来的呢？请看图 21-5。欧洲的税负为什么如此高？都是政府拿去进行重新分配。在高科技方面，是政府用税收来补贴产业工人的技术创新，资助研究机构展开研发创新。请看，税收总额占 GDP 的比重，中国是 21.3%，美国是 26.9%，欧洲是 40%。可是经过这个制度的培育之后，再看图 21-6，高级技工中国只有 4%，欧洲有 35%；中级技工，中国是 36%，欧洲 50%；初级技工，中国是 60%，欧洲是 15%。

换句话说，欧洲使用的这种工匠制度，不但在产业工人方面应用，在研发机构中同样使用。也就是说，通过政府创造一个高福利、低风险的环境，鼓励产业工人、研究机构的工作人员能够静下心在工作岗位上进行研究和创新。因此，工匠制度的背后一定是政府行为，不可能诉诸像美国一样的风险投资体系。

有没有成效呢？成效还是有的。哈佛战略学者西蒙（Hermann Simon）的研

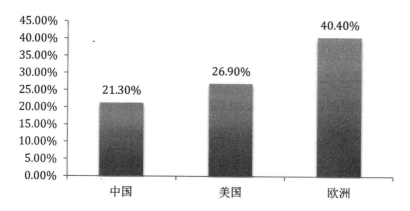

图21-5　中国、美国、欧洲税收总额占GDP的比重

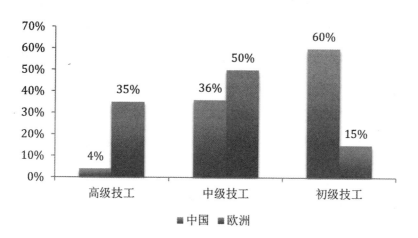

图21-6　中国、欧洲技工等级分布比较

究结果显示：2764家中型全球领导企业当中，德国占1307席，比例是47%；美国占366席，比例是13.2%；中国占68席，比例是2.5%；英国是47席，比例是2.4%。坦白讲，我们都没听说过这些公司，其中包括：德国最大的风机制造商，拥有全球风能领域专利的30%；凯密特尔集团（Chemetall），是全球最

大的稀有金属铯和锂的生产商；3B Scientific，是解剖教学辅助领域的领导者；Uhlmann，是医药包装系统的龙头；Flexi 公司，垄断了全球 70% 的宠物伸缩牵绳；另有一家企业垄断了全球机场的手推车业务。数据有力地表明，欧洲的这种工匠制度一样能够创造出世界领先的企业。

可是欧洲确实有很多的问题。请你想想看：欧洲有没有类似美国的创业风险投资基金呢？也有的，只是其资金源于政府拨款。欧洲政府给初次创业者提供风险投资基金，多少利息呢？资金可以使用 5 年，年化率 6% 的利息。当然了，政府也怕借款人逾期不还，会让借款人签署很多个人担保。如果创业企业 5 年的绩效不达标，政府会给借款人增加很多的限制，比如说禁止借款人出国等。这是非常不方便的，这在美国人看来是完全不可想象的。

美国硅谷有许多企业倒闭，倒闭了也就倒闭了。但是欧洲国家的政府将众多限制条件加在创业者身上，本身就是一个非常奇怪的做法。而且，这导致了大量的企业离开欧洲，跑到美国去。比如在克罗地亚，生产电动超级跑车的里马克汽车公司，还有在 2014 年世界创业大赛上夺冠的农场智能云管理软件提供商，以及母婴智能可穿戴产品的生产商，都因此搬到美国去了。也就是说，他们不能忍受欧洲的工匠制度。他们认为美国的制度更有利于发挥他们的创造力。

三、中国需要开辟第三条创新道路

美国和欧洲在全球形成两大主流创新体系：一个是美国的风险投资体系，一个是欧洲的工匠制度。中国呢？我们应该走什么路呢？这个话题，值得我们深思。在我回答这个问题之前，我们先谈谈美国。今天我们看到美国有各种创新产品，比如说可穿戴设备、3D 打印、机器人、柔性电子或者是可弯曲的芯片等。各种智能设备并不是突然冒出来的，也需要经过几十年的积累。美国怎么积累？分三个阶段。

第一个阶段是 1980 年到 1989 年，是计算机硬件的时代。计算机的硬件、半导体，还有相对应的软件应用，都是在此阶段开发出来的。而 1990 年到 1998 年进入了第二个阶段，以计算机硬件、软件还有芯片的创新为主。产业上游的通信系统，产业下游各种不同类型的软件、辅助系统，都在这一阶段开发出来。有了此前二十年的积累之后，到第三个阶段才能够收获成果，由此出现今天美国市场上丰富的产品创新成果。这个事情只有美国能做到，因为美国有非常独特的创新激励制度，即我前面说过的三大特色制度。

中国既没有美国的三大特色，也没有欧洲的工匠制度，怎么办呢？我们的高科技还要不要发展呢？李克强总理提出了"大众创业、万众创新"的号召。创业本身是好的，创新更是未来的主导发展思路。问题是我们的创业、创新能不能借鉴美国这个制度？很困难。能不能借鉴欧洲的工匠制度？坦白讲，也非常困难。我们的机会在哪里呢？我看到了一个前所未有的崭新机会，那就是整个科技创新进入了一个模块化的发展阶段。

什么意思？我以大家所用的 iPhone 手机为例。你以为 iPhone 全部是苹果公司创造出来的吗？错了！苹果手机里有各种各样的零配件，也不全部是苹果公司自身研发的。实际上，苹果公司在生产 iPhone 手机之前，兼并收购过许多拥有技术和专利的小企业，然后将这些小企业的发明创新融入苹果手机里面去。甚至各种类型的软件，包括苹果商店里面的各种 APP，很多都是通过兼并收购获取的。虽然小企业是真正在创新，他们能够创造出包含最尖端科技的产品，但是如果没有苹果公司，就没有一个强大的系统帮他们做组装，也没有一个解决方案能够让他们的发明专利进行商业化应用。苹果公司本身具有的强大支撑系统、强大解决方案，是这种小企业所没有的。所以，对于拥有创新发明专利的小企业来说，最好的办法是将产品卖给苹果公司，收取一笔专利费。所以，苹果凭借强大的实力收购了很多小型创新企业，以及模块型的小型创新企业，然后再把它们集成在一起，创造出风靡全球的 iPhone 手机。

但是，这种现象在五年、十年之后会慢慢消失，这些模块型的小型创业公司将会蓬勃发展。为什么？因为在美国这么好的知识产业保护之下，这些模块型的小型创业公司可以将精力完全放在一个产品的研发上面，不需要涉及太多人事、财务等企业管理事务。如果真的组建大公司，报税是个非常复杂的事情。可是对于只有几个人的小公司来说，问题就好解决，甚至可以在自家车库设立一家公司。美国有个 S 公司，专门为小公司提供报税服务，小公司的税和创业者的个人所得税是联系在一起的，如果小公司没有赚钱就不用报税。所以，在美国，进行研发创新，只需在车库成立一家只有一个人的公司就可以；然后这家公司去报税，只报个人所得税即可，公司与个人的税完全合并在一起，而且公司做什么业务都可以。

并且，在美国开一家公司非常简单：公司名字不用审批，注册资本金不用审批，经营范围也不用审批。为什么？给创业公司多行一点方便！这才是一个正确的政策。在美国，没有注册资金的问题，没有名字的问题（当然新设公司所选的名字必须是别人没有用过的名字），新公司开展什么业务都可以。一个年轻人在他车库里面就能够开发出新产品，一个人搞一个软件产品卖给苹果，他这一辈子就发了。

这种模块化的发展将来一定成为主流。像苹果这种公司将会慢慢消失，不再会成为主流。因为模块化，在车库里面的工厂才是最高效的工厂——它没有任何负担，它才能够创造出最好的产品。可是问题来了。每一个小模块是一个产品的零件，每一个模块公司只能生产一个产品里面几百个配件中一个小配件。小公司制造出一个小配件，可以说是这一细分领域的世界第一，但小公司能批量化生产一亿个配件吗？它有这个能力吗？它没有这个能力。

于是，我们中国的机会就来了。什么意思呢？将我们中国强大的制造业能力与欧美的模块化发展进行结合。我们可以像苹果一样，购买小公司创新出的产品配件模块，然后由我们中国来制造——这是一个最好的组合。当然，你可以说日本、欧洲也有制造能力，但他们没有我们这么庞大的市场——这也是中国的优势。我们有世界上最庞大的市场，同时有最强的制造能力。我们和欧美的模块式生产结合的话，将是下一代创业和创新的一个好方向。

举个例子。有一种专适门用于急速运动之下的相机产品，是户外运动最尖端的产品。产品上面写的什么？"Made in China"中国制造。你不觉得很奇怪吗？这明明是创业公司造的，怎么变成中国制造呢？那是因为富士康看到这个模块特别好，在 2012 年用 2 亿美元收购了该公司 8.8% 的股份。这家公司于 2014 年上市，富士康当然通过这笔天使投资狠赚了一笔。但更重要的是什么呢？可以控制这一模块的生产！所以，这一模块最后在中国制造，"Made in China"。我觉得，像富士康拥有的这种领先的制造能力和创新产品的结合，就是一个典范，就是未来我们应该走的一个方向。

所以，我们可以走出一条中国特色的创新道路。我们不能够学习美国的创新制度，而学习欧洲的工匠制度需要一个很长的过程，因此，我们可以鼓励发展规模化制造与创新模块相结合的新路径。这个路径一旦成熟之后，中国的高科技，大众创业跟万众创新，一定能够取得长足的发展。